Stress et *burnout* au travail : identifier, prévenir, guérir

Éditions d'Organisation
Groupe Eyrolles
61, bd Saint-Germain
75240 Paris cedex 05

www.editions-organisation.com
www.editions-eyrolles.com

© Groupe Eyrolles, 2008
ISBN : 978-2-212-54014-7

Élisabeth GREBOT

Stress et *burnout* au travail : identifier, prévenir, guérir

EYROLLES

Éditions d'Organisation

Sommaire

Partie 2
Où mène le stress ?

Chapitre 6

Le harcèlement moral au travail

Partie 3

Comment prévenir et guérir le stress ?

Chapitre 7

Introduction

« Je craque, je suis débordé » : tels sont les propos tenus quotidiennement par un nombre croissant de professionnels qu'ils soient managers, médecins généralistes, enseignants, soignants, magistrats, employés, ouvriers. Le stress a un impact sur la santé pour un quart des travailleurs européens (22 %[1]). Trois salariés français sur quatre se déclarent sous pression[2] et évaluent leur stress moyen à 6,2 sur une échelle de 10[3]. Quel est donc ce mal étrange ? Est-ce une maladie des temps modernes ? Pourquoi le travail est-il source de tant de stress ? Est-ce le prix de la réduction du temps de travail ? Les nouvelles technologies n'ont-elles pas permis d'alléger la pénibilité du travail ? À ces questions, certaines entreprises répondent en développant des programmes de prévention mais, globalement, la France est en retard dans la reconnaissance et le traitement du mal-être au travail. Le stress chronique ouvre souvent la voie à l'épuisement professionnel,

---

1. Fondation européenne pour l'amélioration des conditions de vie et de travail, Quatrième enquête européenne sur les conditions de travail, *www.eurofound.europa.eu/ewco/*
2. Enquête « Stress au travail », *Journal du net management*. Enquête réalisée en novembre 2006 à laquelle 1 653 personnes ont répondu : *http://management.journaldunet.com/diaporama.enquete-stress/synthese.shtml*
3. *Enjeux-Les Échos*, mars 1999.

appelé *burnout*, ou au harcèlement moral au travail. Ces problèmes professionnels ont un coût très élevé pour les entreprises, les individus et la société :

- pour les entreprises, le stress se chiffre en journées d'arrêt de travail, en perte de motivation, en *turnover*, en absentéisme, en désinvestissement, en conflits, en baisse de productivité, etc. ;

- pour la société, le coût du stress est exponentiel, car les procès se multiplient, les demandes de réparation augmentent, les plaintes ne cessent de croître, etc. ;

- pour les salariés, les maladies physiques et psychologiques liées au stress au travail entraînent une consommation excessive et coûteuse d'anxiolytiques ou d'antidépresseurs et poussent certains au suicide, parfois même, sur le lieu de travail.

Or le stress n'est pas une fatalité : y faire face est possible. Des mesures de prévention sont efficaces si les réponses organisationnelles (management, formation) sont associées à des remèdes individuels (gestion du stress, etc.). Pourtant, trop souvent, les entreprises offrent aux salariés des solutions individuelles et ne tiennent pas compte des causes organisationnelles du stress.

Cet ouvrage expose les remèdes collectifs et individuels, institutionnels et personnels, juridiques et psychologiques qui peuvent être apportés au stress. Il propose au lecteur d'identifier ses stresseurs, ses réactions de stress et les stratégies employées pour y faire face à l'aide de questionnaires, et d'expérimenter quelques techniques de gestion du stress et de relaxation. Il comporte trois parties : la première expose les causes du stress, la deuxième, les conséquences du stress et la troisième, les solutions adaptées et efficaces.

PARTIE 1

D'OÙ VIENT LE STRESS ?

Si votre collègue dit qu'il est stressé, sans doute penserez-vous qu'il est angoissé, épuisé, débordé, irrité, fatigué, préoccupé, nerveux, déprimé, tendu, anxieux, pressé, dispersé, perturbé, etc. En effet, le terme de stress traduit ces différents états. Il peut désigner une pression au travail trop forte, ou jobstrain *pour les Anglais, une peur d'échouer ou de ne pas atteindre l'objectif imposé que l'on nomme « anxiété de performance », une peur créée par le culte de la performance et l'idéologie de l'excellence (le « zéro défaut » ; le « toujours plus et toujours mieux »), une course contre la montre (« Ce qui me stresse, c'est de devoir faire tout en urgence, je gère urgence après urgence, je ne planifie rien et n'approfondis rien »).*

Le terme « stress » vient du latin stringere *signifiant « tendu de façon raide », « serrer » et du vieux français* estrece *ou « étroitesse », exprimant l'idée d'un resserrement, d'une oppression et d'une asphyxie. L'étymologie donne au stress une connotation principalement négative alors que l'inventeur du stress, Hans Selye, développera la fonction positive d'adaptation que représente la réaction de stress à une situation, et distinguera le stress positif du stress négatif. De plus, l'étymologie évoque un état résultant d'une situa-*

tion, tandis qu'aujourd'hui, le stress est perçu comme une transaction complexe et dynamique de l'individu avec son environnement. Celui-ci n'est pas passif face à l'adversité, il ne se contente pas de réagir mais il interagit avec la situation. Confronté à l'adversité, il évalue l'enjeu que représente l'agent stressant ou stresseur. L'enjeu est positif lorsqu'il y a quelque chose à gagner (gain) ou un défi à relever (challenge), il est négatif s'il y a risque de perte ou s'il y a menace : « Je peux tout perdre », « Je risque très gros ». Ensuite, l'individu évalue ses ressources pour faire face et mobiliser ses forces. Le stress survient quand les exigences de la situation dépassent les ressources à la disposition de l'individu.

Chapitre 1

Le stress : ce qu'il est

Le stress signe un déséquilibre. À l'image d'une balance dont l'équilibre est rompu, la réaction de stress « survient lorsqu'il y a un déséquilibre entre la perception qu'une personne a des contraintes que lui impose son environnement et la perception qu'elle a de ses propres ressources pour y faire face. Bien que le processus d'évaluation des contraintes et des ressources soit d'ordre psychologique, les effets du stress ne sont pas uniquement de nature psychologique. Il affecte aussi la santé physique, le bien-être et la productivité de la personne qui y est soumise[1] ».

Le terme de stress renvoie à trois éléments caractéristiques :

* les *stresseurs* que rencontre l'individu : contraintes professionnelles, tracas quotidiens, conflits de rôles, etc. ;

* les *réactions de stress* : toutes les réponses physiques ou psychologiques aux stresseurs ;

---

1. Agence européenne pour la sécurité et la santé au travail. *http://europe.osha.eu.int/good_practice/risk/stress*

• les *conséquences* sur la santé des individus et sur le travail.

L'usage courant du terme désigne indifféremment les causes, les réactions et les conséquences et comporte le plus souvent une connotation péjorative alors que le stress est une réaction normale d'adaptation, positive et vitale dans certaines situations.

Une réponse normale d'adaptation

Dès le XIXe siècle, le stress a été décrit comme la réponse d'un organisme à des agressions :

• selon Darwin[1] et sa théorie de l'évolution, face au danger, la peur est un moyen de faciliter la survie ;

• selon le cardiologue Osler[2], un travail pénible associé à une lourde responsabilité est à l'origine de tourments causant des problèmes médicaux tels que des angines de poitrine chez les médecins et les hommes d'affaires ;

• selon Claude Bernard[3], les animaux exposés à une situation menaçante ont une réaction de fuite ou de combat. Tout organisme est soumis à une loi de rétablissement de son milieu intérieur (ses fonctions organiques) vers un équilibre constant, phénomène nommé « homéostasie[4] » par Cannon[5]. La réponse de fuite ou de combat a une fonction positive de survie ;

• enfin, plus récemment, selon le physiologiste canadien Hans Selye[6], tout animal soumis à une situation stressante (chocs électriques) présente trois réactions successives constituant le syndrome général d'adaptation :

---

1. Darwin Charles (1809-1882) : naturaliste anglais.
2. Osler William (1849-1919) : médecin anglais.
3. Claude Bernard (1813-1875) : physiologiste français.
4. *Homéostasie : tendance générale de l'organisme au rétablissement de l'équilibre.*
5. Cannon Walter Bradford (1871-1945) : neurophysiologiste américain.
6. Hans Selye (1907-1982) : père du stress.

— la *phase d'alerte* : le stresseur déclenche une réponse d'urgence après l'agression : le cœur s'accélère, les muscles se contractent, les poils se dressent, etc. ;

— la *phase d'habituation* ou *d'endurance* : les ressources physiologiques sont mobilisées pour résister un certain temps à l'agent stressant ;

— la *phase d'épuisement* : si l'agression persiste, l'organisme épuise son énergie et n'est plus capable de s'adapter. Les ressources énergétiques dont dispose l'organisme ne sont pas illimitées et l'épuisement peut aboutir à la mort.

Selye substitue au syndrome général d'adaptation le terme de stress. Il l'évoque en 1946, lors d'une conférence au Collège de France à Paris, pour décrire l'ensemble des manifestations présentes chez un individu devant s'adapter aux exigences de son environnement. Le stress a une fonction positive, adaptative, vitale. Toutefois, à côté du bon stress existe un mauvais stress.

Bon et mauvais stress

Le stress peut être *positif* (« eustress », du grec *eu*, « bon », comme dans « euphorie ») ou *négatif* (*distress* ou « détresse » comme dans « désagréable » ou « désenchantement »).

Aujourd'hui, on parle de « bon stress » et de « stress pathologique » : le stress est qualifié de *bon* quand les réactions permettent une adaptation satisfaisante à une difficulté dans un délai raisonnable. Il est *pathologique* quand des désordres physiologiques ou psychologiques apparaissent et marquent un trouble d'adaptation.

Le stress bénéfique face au danger

La réaction de stress est donc une réponse de protection essentielle face à un danger. Elle permet de mobiliser les gestes adaptés en situation d'urgence. Les pompiers, les urgentistes connaissent cette montée d'adrénaline favorable à une performance maximale. Ce type de stress peut provoquer une sensation agréable, que certains recherchent en pratiquant par exemple le parachutisme, le saut à l'élastique, les sports de l'extrême, etc.

La réaction de stress permet aussi de se surpasser pour surmonter certaines situations difficiles. Dans le domaine sportif ou lors d'activités professionnelles, de nouveaux défis constituent un challenge et créent une stimulation et une excitation.

Questionnaire : Vos expériences de stress positif ou négatif

Cherchez une situation où vous avez fait preuve des réactions décrites ci-dessous :

LE STRESS A ÉTÉ À L'ORIGINE	PRÉCISEZ LA SITUATION
1. d'une réaction de protection face au danger	....
2. d'un dépassement de la difficulté	....
3. d'excitation plaisante	....
4. d'une excellente performance	....
5. de la perte de tous mes moyens	....
6. d'une réduction de mes capacités	....
7. d'une tension insuffisante à l'activité	....
8. de fatigue, d'apathie	....

Les quatre premières propositions décrivent différentes situations où le degré de stress induit une performance satisfaisante. Vos réponses vous indiquent si vous avez eu l'occasion d'affronter une ou plusieurs situations où vous avez expérimenté la fonction positive du stress.

Les quatre dernières propositions décrivent des situations où le degré de stress, insuffisant ou trop élevé, influence négativement la performance. Parfois, le stress est paralysant et inhibe l'action. Les personnes sont alors tétanisées, sidérées, immobilisées, envahies par la peur et leur performance est très diminuée. Cet état résulte tantôt d'un excès de stress, tantôt d'un manque de stimulation.

Si vous pensez n'avoir jamais eu la chance d'affronter une situation stressante positive, pensez à des domaines d'activités amicales, relationnelles, affectives, familiales, professionnelles, scolaires, etc.

Stress bénéfique jusqu'à un certain seuil

Un certain degré de stress est bon pour une performance maximale. Le modèle du U renversé de Yerkes et Dodson[1] figure ce lien entre l'anxiété et la performance (voir figure 1).

La performance est maximale avec un degré de stress optimum. À l'inverse, elle est minimale lorsque la stimulation est insuffisante (hypostress) ou que l'excitation est excessive (hyperstress). L'hyperstress cesse d'être l'accélérateur orienté vers la réussite en devenant un frein à la performance maximale.

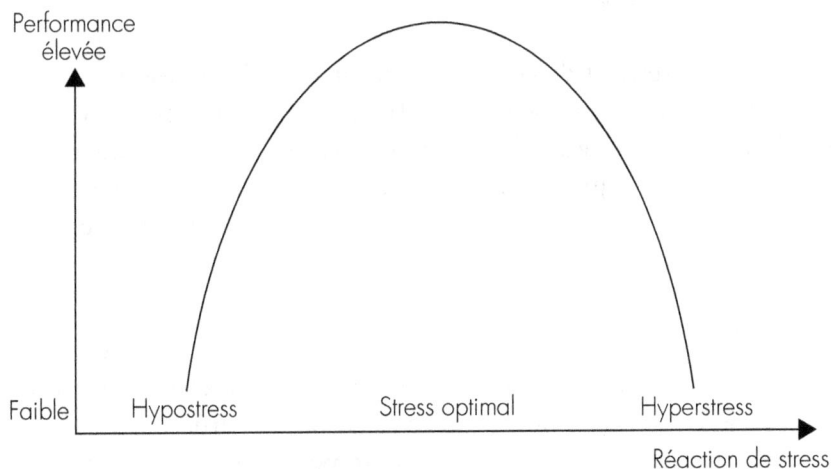

Figure 1 — Courbe stress-performance[2]

---

1. Yerkes R.M., Dodson J.D., « The relation of strengh of stimulus to rapidity of habit formation », *Journal of Comportemental Neurology Psychology*, 18, 1908, p. 459-482.
2. Yerkes, Dodson, *op. cit.*, 18, 1908.

Imaginez qu'une personne disposant d'un rythme de type « formule 1 » soit obligée de rouler au ralenti, ou, à l'inverse, qu'une personne ayant le rythme plus régulier d'une voiture de tourisme soit toujours en sur-régime : les deux sont en danger. Le sous-régime comme le sur-régime sont risqués. Dans le cas du turbo en sous-régime, l'individu est entravé dans son activité. Tel est le cas de ce directeur général recruté dans une organisation humanitaire pour la dynamiser. Toutes ses initiatives sont sabotées par les chefs de service en poste avant son recrutement : au dernier moment, un responsable financier refuse de présenter le bilan financier lors d'une conférence ; les chefs de service boycottent les réunions organisées par le nouvel arrivant, etc. Ce cas illustre comment des collaborateurs pervers tentent de prendre le pouvoir en empêchant le directeur général d'agir.

Dans le cas du sur-régime, l'activité est improductive. Yves, 40 ans, directeur général, est recruté dans une *start-up* après avoir exercé comme haut fonctionnaire dans une administration. Il craque après un an d'activités survoltées et prend conscience, lors d'un bilan de compétences, qu'il ne peut surfer d'une activité à une autre, car il a besoin de réfléchir et d'approfondir ses dossiers.

La clé du bien-être et de la performance maximale ne réside pas dans le fait d'avoir un degré de stress faible ou élevé, mais plutôt d'avoir un niveau de stress adapté à l'activité à réaliser. En conséquence, il faut apprendre à ajuster son degré de stress à l'objectif visé pour éviter que la performance soit affectée négativement par un degré de stress excessif ou insuffisant.

À chacun ses réactions

Une situation peut créer une réaction positive chez un individu et, chez un autre, une réponse négative. La même situation est vécue comme stressante pour l'un et excitante pour l'autre. Elle est interprétée comme un challenge à relever pour le premier et une menace pour le second. Chacun réagit différemment : « Le stress n'est pas forcément une pénible réaction, bien *souvent c'est le sel de la vie*, puisque toute émotion, toute activité le provoquent » (Selye[1]).

---

1. Selye H., *Le Stress de la vie*, Paris, Gallimard, 1962 (*The Stress of Life*, New York, McGraw-Hill, 1956).

Certains vivront une promotion comme une récompense méritée. En revanche, elle déclenchera une forte angoisse chez des sujets anxieux.

Des responsabilités susciteront des états de panique chez certains professionnels alors qu'elles produiront excitation et euphorie chez d'autres.

Questionnaire : Êtes-vous en hypostress, hyperstress ou en stress optimal ?

Pensez à une situation stressante récente. Évaluez votre réaction à cette situation en attribuant une note comprise entre 0 (pas du tout) à 10 (maximale). Entourez un seul chiffre par ligne.

La situation produit :											
1. Un manque d'intérêt	0	1	2	3	4	5	6	7	8	9	10
2. Une démotivation	0	1	2	3	4	5	6	7	8	9	10
3. Un certain laxisme	0	1	2	3	4	5	6	7	8	9	10
4. Une apathie	0	1	2	3	4	5	6	7	8	9	10
5. Une lenteur inhabituelle	0	1	2	3	4	5	6	7	8	9	10
6. Une tendance à remettre à plus tard les tâches importantes	0	1	2	3	4	5	6	7	8	9	10
7. Un manque d'implication	0	1	2	3	4	5	6	7	8	9	10
8. Une rêverie importante	0	1	2	3	4	5	6	7	8	9	10
9. Un désinvestissement	0	1	2	3	4	5	6	7	8	9	10
10. Une concentration défaillante	0	1	2	3	4	5	6	7	8	9	10
11. Une motivation redoublée	0	1	2	3	4	5	6	7	8	9	10
12. Une sensation d'allégresse	0	1	2	3	4	5	6	7	8	9	10
13. Une grande assurance	0	1	2	3	4	5	6	7	8	9	10
14. Une rapidité de compréhension	0	1	2	3	4	5	6	7	8	9	10
15. Une pertinence de jugement	0	1	2	3	4	5	6	7	8	9	10

16. Une efficacité d'actions	0	1	2	3	4	5	6	7	8	9	10
17. Une excellente qualité de travail	0	1	2	3	4	5	6	7	8	9	10
18. Un niveau élevé de production	0	1	2	3	4	5	6	7	8	9	10
19. Une grande énergie	0	1	2	3	4	5	6	7	8	9	10
20. Une sensation de bien-être	0	1	2	3	4	5	6	7	8	9	10
21. Des erreurs répétées	0	1	2	3	4	5	6	7	8	9	10
22. Des confusions	0	1	2	3	4	5	6	7	8	9	10
23. Des difficultés de concentration	0	1	2	3	4	5	6	7	8	9	10
24. Une productivité peu performante	0	1	2	3	4	5	6	7	8	9	10
25. Des jugements inopérants	0	1	2	3	4	5	6	7	8	9	10
26. De la dispersion	0	1	2	3	4	5	6	7	8	9	10
27. De l'inattention répétitive	0	1	2	3	4	5	6	7	8	9	10
28. Des autocritiques sévères	0	1	2	3	4	5	6	7	8	9	10
29. Une réactivité émotive exacerbée	0	1	2	3	4	5	6	7	8	9	10
30. Un perfectionnisme excessif	0	1	2	3	4	5	6	7	8	9	10

Calculez vos scores : Additionnez vos scores aux dix premières propositions, puis aux dix suivantes et enfin, aux dix dernières propositions. Inscrivez-les dans la colonne « Total » ci-dessous. Chaque score totalise entre 0 et 100 points.

	CALCULEZ VOS SCORES	HIÉRARCHISEZ	ANALYSEZ
ITEMS	Total (0-100)	Rang	Degré de stress
1 à 10	....	1 - 2 - 3	Hypostress
11 à 20	....	1 - 2 - 3	Stress optimum
21 à 30	....	1 - 2 - 3	Hyperstress

Hiérarchisez vos scores : Entourez dans la colonne « Rang », le chiffre 1 pour votre score le plus élevé, le chiffre 2 pour le score suivant et le chiffre 3 pour le score le plus faible.

Analysez vos scores : Les premières propositions (0 à 10) décrivent les réponses d'hypostress. Les dix items suivants (11 à 20) illustrent les réponses optimisées. Les dernières propositions (21 à 30) reflètent réactions d'hyperstress.

Conseils aux hyperstressés : Avoir trop d'énergie sans réussir à la canaliser, c'est l'hyperstress dont le prix à payer peut être une performance décevante ou inférieure à ses compétences. Les salariés hyperstressés présentent une agitation non seulement improductive mais également irritante pour l'entourage. Un manager hyperstressé transmet ses angoisses à ses collaborateurs au lieu de stimuler leur créativité. Les hyperstressés pensent souvent que l'hyperstress est stimulant en confondant stress optimal et hyperstress. C'est une question de dosage. Il suffit de ramener le curseur du côté du stress bénéfique et de tester certaines attitudes de stress optimal. Il est conseillé aux hyperstressés de s'interroger sur la croyance selon laquelle plus le stress est élevé, plus la motivation est forte. Cette conviction risque de susciter davantage de démotivation, de fatigue, d'usure, de désinvestissement chez les collaborateurs que de créativité, de productivité, etc.

Conseils aux hypostressés : Si votre degré de stress n'est pas optimum, relisez les propositions décrivant le stress optimal (11-20) et essayez d'adopter les attitudes de stress optimal et de substituer vos comportements de désinvestissement, d'apathie, de démotivation, de retrait par des attitudes dynamiques, stimulantes, actives, productives.

Quoi qu'il en soit, apprendre à gérer et à moduler son stress est possible sachant que le degré de stress optimum est individuel. Certaines personnes fonctionnent mieux quand elles effectuent plusieurs tâches en même temps, tandis que d'autres ont besoin de se concentrer sur une seule activité pour être plus performant.

Si vous n'êtes ni hyperstressés, ni hypostressés, vous êtes l'illustration de la limite de la courbe « Stress-Performance » : la relation entre le stress et la performance se vérifie dans les cas extrêmes et non dans les situations de stress intermédiaires.

« Le stress, le sel de la vie »

> *« L'objectif n'est pas d'éviter le stress. Le stress fait partie de la vie. Éviter le stress n'est pas plus justifié que de fuir et éviter la nourriture, l'exercice ou l'amour[1]. »*

C'est un non-sens que de chercher à éliminer le stress. Cela reviendrait à vouloir supprimer la fonction respiratoire pour soigner l'asthme. Le stress est « le sel de la vie, indispensable à l'adaptation, au développement et au fonctionnement de l'organisme. C'est grâce à lui que l'homme s'adapte et progresse[2] » : « La vie elle-même est stress, car nous devons sans cesse nous adapter à un environnement en changement permanent[3]. »

Hans Selye aurait répondu à une personne qui lui demandait s'il existait des personnes qui ne connaissaient pas le stress : « Oui, il existe près d'ici des hommes qui n'ont aucun stress… » Il évoquait le cimetière le plus proche. Cette réponse provocatrice signifie qu'il est impossible de vivre sans stress. Pourtant, certains articles ou livres proposent d'atteindre cet objectif : la suggestion est insensée puisque le stress, c'est la vie. L'objectif de toute technique de gestion du stress est davantage de vivre avec le stress que de vivre sans stress. Ainsi, « l'homme vit en état permanent de stress […] l'absence de stress serait la mort[4] ».

Le stress : une réaction d'adaptation

Selon certaines revues qui titrent leur dossier sur le stress : « C'est la maladie des actifs de tous les pays », le stress serait une maladie. En effet, dans le langage courant, le stress est apparenté à une maladie psychologique comme l'anxiété ou la dépression.

---

1. *Ibid.*
2. *Ibid.*
3. Bensabat S., *Le Stress*, Paris, Hachette, 1980.
4. Lôo H., Lôo P., Galinowski A., *Le Stress permanent*, Paris, Masson, 1999.

Pour les experts, cependant, le stress n'est pas une maladie mais une réaction d'adaptation de l'organisme à un ensemble de demandes qui lui sont faites. S'adapter, c'est changer.

Toutefois, une situation stressante persistante, chronique, régulière engendre des réactions de stress inadaptées, douloureuses, problématiques ou pathologiques et parfois, des maladies physiques ou psychologiques.

Du stress physiologique au stress psychologique

Le stress fut d'abord considéré comme une réponse physiologique, puis comme une réaction psychologique, ensuite comme un mélange des deux. Aujourd'hui, le stress est perçu comme une transaction complexe entre l'individu et son environnement.

Le *stress physiologique* opère dans le corps par la libération de substances chimiques, selon trois phases successives : la réaction d'alarme, la résistance, la phase d'épuisement.

Votre degré de stress physiologique

Pensez à une situation de stress que vous avez vécue. En vous référant au tableau ci-dessous demandez-vous si vous avez été dans un état d'alarme, de résistance ou d'épuisement ?

Si vous avez connu la phase de résistance ou d'épuisement, demandez-vous si votre réaction de stress n'a pas eu une fonction positive, protectrice puisqu'elle vous a alerté sur l'urgence qu'il y a de changer de rythme, de faire une pause, de faire le point, de changer d'environnement professionnel, de changer de vie, etc.

Réaction d'alarme

Dès la confrontation à la situation stressante, des hormones sont libérées par l'organisme (système sympathique). Les catécholamines (adrénaline et noradrénaline) augmentent la fréquence cardiaque, la tension artérielle, le niveau de vigilance, la température corporelle et une vasodilatation des vaisseaux des muscles. Ces modifications ont pour but de préparer l'organisme au combat ou à la fuite.

	Résistance
	Si la situation persiste, l'organisme entre en phase de résistance. Des hormones comme les glucocorticoïdes sont sécrétées : elles augmentent le taux de sucre dans le sang pour apporter l'énergie nécessaire aux muscles, au cœur et au cerveau, en y maintenant un apport constant en glucose.
	Phase d'épuisement
	Si la situation stressante se prolonge encore ou s'intensifie, l'organisme entre dans une phase d'épuisement caractérisée par une hyperstimulation de l'axe corticotrope et l'organisme est alors submergé d'hormones activatrices néfastes à la santé.

Le stress opère aussi dans le psychisme par l'expression d'émotions. Les psychologues ont, dans un premier temps, conçu la réaction de *stress psychologique* (émotionnel, comportemental, cognitif) en s'inspirant du modèle médical linéaire selon lequel une maladie résulte d'un agent pathogène (un virus, un germe, une bactérie déclenchent (→) une maladie).

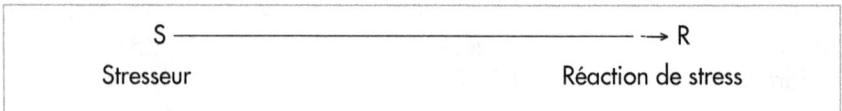

> S ――――――――――――――――― → R
> Stresseur   Réaction de stress

Cette théorie linéaire Stimulus-Réponse s'est vite révélée erronée, car l'individu ne reste pas inactif mais déploie des réactions d'adaptation au stress. En conséquence, le modèle suivant du stress introduit l'individu entre le stresseur et la réaction de stress. C'est le modèle médiationnel du stress.

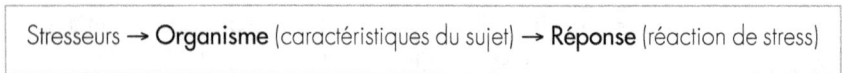

> Stresseurs → **Organisme** (caractéristiques du sujet) → **Réponse** (réaction de stress)

Le modèle médiationnel fut ensuite remplacé par le modèle transactionnel qui est la référence actuelle en matière de stress (voir figure 2). Celle-ci met l'accent sur la capacité qu'a l'individu d'évaluer la situation : déborde-t-elle ses ressources ? peut-elle mettre en danger son bien-être[1]. Dans la conception moderne du stress, quatre facteurs fonctionnent en étroite interdépendance :

- les *facteurs environnementaux* comme les stresseurs professionnels, les demandes professionnelles physiques (porter de lourdes charges), quantitatives (charge de travail), émotionnelles (empathie, écoute, patience), intellectuelles (concentration, mémorisation et traitement d'informations) ;

- les *caractéristiques personnelles* : certains traits de personnalité fragilisent l'individu tandis que d'autres le protègent ;

- les *transactions* déployées par les individus comme l'évaluation de la situation en termes de ressources disponibles et l'adoption de stratégies d'ajustement ou *coping*, plus ou moins efficaces ;

- les *résultats* en termes d'état de santé, de bien-être, de qualité de vie ou, à l'inverse, d'état dépressif, d'anxiété, d'épuisement professionnel ou *burnout*, d'insatisfaction au travail, etc.

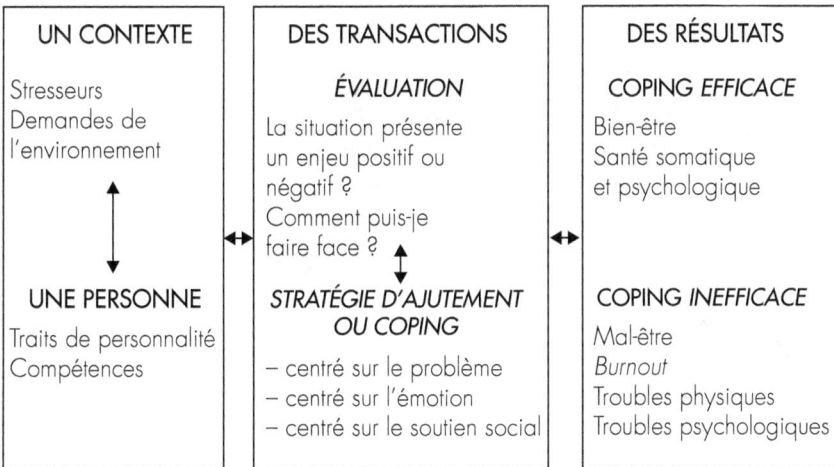

UN CONTEXTE	DES TRANSACTIONS	DES RÉSULTATS
Stresseurs Demandes de l'environnement	*ÉVALUATION* La situation présente un enjeu positif ou négatif ? Comment puis-je faire face ?	COPING *EFFICACE* Bien-être Santé somatique et psychologique
UNE PERSONNE Traits de personnalité Compétences	*STRATÉGIE D'AJUTEMENT OU COPING* – centré sur le problème – centré sur l'émotion – centré sur le soutien social	COPING *INEFFICACE* Mal-être *Burnout* Troubles physiques Troubles psychologiques

Figure 2 — Modèle transactionnel

---

1. Lazarus R.S., Folkmann S*., Stress, Appraisal and Coping*, New York, Springer, 1984.

Toute personne, confrontée à une situation difficile, se demande si cette situation constitue une perte, une menace, un défi, un challenge. Elle évalue l'enjeu de la situation en termes positifs (gain, défi, challenge) ou négatifs (perte, menace). Puis, elle estime les ressources dont elle dispose pour agir, répondre ou intervenir. Cette double évaluation de l'enjeu et des ressources influence les stratégies d'ajustement au stress ou *coping* (de l'anglais *to cope*, « faire face »). Ces stratégies peuvent être orientées vers :

- la résolution du problème (recherche de solutions, meilleure organisation) ;
- la gestion des émotions engendrées par le stress (exprimer sa colère ou au contraire l'inhiber, ruminer ses erreurs) ;
- la recherche de soutien social (demande d'aide auprès de l'entourage).

Le trac et l'après-traumatisme

Le trac

Le trac apparaît lorsqu'une personne s'expose au regard d'une ou plusieurs personnes et craint que cette situation déclenche un ensemble de symptômes physiques (palpitations, tremblements…), psychologiques (idées embrouillées) et comportementaux (bafouillage, gestes crispés…) de nature à altérer sa performance. Il est associé à la notion d'« anxiété de performance » où l'anticipation joue un rôle central.

En effet, le trac se manifeste lorsqu'une personne anticipe une situation dans laquelle elle sera soumise au jugement d'autrui. Il est plus intense avant la prestation que pendant l'action, car le fait d'agir et de « se jeter à l'eau » libère la plupart des traqueurs. C'est une forme d'anxiété sociale, épisodique et fluctuante, variable d'un individu à l'autre.

> Marie, directrice des achats, est en état de panique chaque fois qu'elle doit animer une réunion, être sous le regard de ses collaborateurs. Paradoxalement, elle monte sur les planches devant un public de spectateurs

comme comédienne amateur. Certes, elle a un peu le trac avant chaque représentation mais cela ne l'empêche pas de se produire et d'éprouver du plaisir à jouer devant un public. Elle ne comprend pas pourquoi le regard de ses collaborateurs la panique tant alors qu'elle est plutôt à l'aise devant un public de théâtre. Marie est déstabilisée dans les situations professionnelles où elle doit exposer ses compétences devant ses collaborateurs qui la considèrent comme une experte alors qu'elle n'éprouve rien de semblable lorsqu'elle se produit en spectacle où son talent et ses performances sont modestes. Le travail avec Marie a porté sur le monologue intérieur mettant en évidence certaines croyances sur ses compétences, la réussite et l'échec.

Il existe un trac de l'échec et un trac de la réussite : dans la situation de trac, la personne est observée par d'autres et elle redoute soit une réussite (donner une impression favorable), soit un échec (donner une impression défavorable).

Dans un cas, elle s'expose au regard des autres dans un domaine où elle possède des compétences ; le risque est alors de laisser une impression favorable et de se faire apprécier. Dans l'autre cas, la personne s'expose au regard des autres dans un domaine où elle se croit la plupart du temps défaillante alors que c'est objectivement faux ; le risque qu'elle croit courir est de laisser une impression défavorable.

Cependant, la plupart du temps, le trac cède au moment où le sujet est plongé dans la situation tant redoutée. Ceci s'explique par le fait que le sujet prend conscience que ses craintes étaient complètement infondées par rapport à la réalité.

Le trac, bien qu'invalidant et gênant, est compatible avec un certain degré de réussite scolaire et professionnel. Le trac est très fréquent dans la population. Un tiers des adultes ressent une très forte appréhension lorsqu'ils doivent parler devant un groupe. Toutefois, ils parviennent à assurer leurs prestations à la différence des phobiques sociaux qui n'affrontent pas la situation.

À une jeune actrice qui lui déclarait n'avoir jamais ressenti de trac, la célèbre comédienne Sarah Bernhardt répondit : « Cela vous viendra avec le talent. »

Le trac et le stress ont des points communs. Le trac partage avec le stress les caractéristiques du degré et du seuil : le rendement optimum est obtenu avec un niveau moyen de trac alors que trop ou trop peu de trac peut s'avérer néfaste. Comme le stress, le trac peut soit mobiliser les ressources d'un individu, soit les désorganiser.

Les états de stress post-traumatique

Certains individus souffrent d'états de stress post-traumatique après avoir été confrontés à une situation exceptionnelle appelée « événement traumatique » (catastrophe naturelle, accident de la route, massacre, défenestration au travail, accidents professionnels, suicide dans l'entreprise, etc.).

Un événement est *traumatique* si et seulement si :

- la personne a vécu, a été témoin ou a été confrontée à un événement durant lequel des individus ont pu trouver la mort ou être très gravement blessés ou bien ont été menacés de mort ou de blessures graves, ou durant lequel son intégrité physique ou celle d'autrui a pu être menacée ;

- la réaction de la personne à l'événement traumatique s'est traduite par une peur intense, un sentiment d'impuissance ou d'horreur.

Exemples d'événements traumatiques au travail : une attaque à main armée contre les employés d'une banque, une fusillade dans un bureau de poste, un « braquage » de fourgon de transport de fonds, un accident de voyageurs dans le métro, la défenestration d'un élève dans un lycée, une prise d'otages d'une classe avec son institutrice, un détournement d'avion avec menace armée des pilotes, la pendaison d'un ingénieur dans son bureau d'étude, etc.

Un événement traumatique se différencie d'un événement stressant par son *caractère hors du commun* qui provoque, chez la victime, un sentiment de peur, d'horreur ou d'impuissance. Après un événement traumatique, certaines personnes peuvent souffrir, soit d'un état de stress aigu, soit d'un état de stress post-traumatique.

Dans *l'état de stress post-traumatique*, l'individu revit sans cesse l'événement traumatisant de façon envahissante sans pouvoir contrôler la fréquence ou l'intensité des réminiscences. Il évite tout stimulus susceptible d'évoquer de près ou de loin l'événement traumatique. Il souffre de troubles du sommeil (cauchemars, difficultés d'endormissement), d'irritabilité et d'accès de colère, de difficultés de concentration et d'attention, d'hypervigilance à l'égard des situations rappelant l'événement ou des nombreuses activités quotidiennes susceptibles de devenir dangereuses ou de réactions de sursaut exagérées.

Ces perturbations durent un mois minimum. Elles peuvent survenir des années après l'événement. Ces symptômes entraînent une souffrance significative ou une détérioration du fonctionnement social, professionnel, etc.

L'état de stress aigu se définit par une anxiété intense et invalidante qui survient dans les quatre semaines suivant l'événement traumatique et dure un mois maximum. La personne souffre des mêmes symptômes que dans l'état de stress post-traumatique et présente au moins trois des symptômes suivants :

- un sentiment de détachement ou une absence de réactivité émotionnelle ;
- une réduction de la conscience de l'environnement (elle est dans le brouillard) ;
- un sentiment de détachement de soi ou dépersonnalisation (impression d'être devenu observateur extérieur de soi, de sa vie : sentiment d'être dans un rêve) ;
- une incapacité à se souvenir d'un aspect important de l'événement traumatique.

Questionnaire : Souffrez-vous de stress ou de stress post-traumatique ?

Le tableau ci-dessous liste différentes réactions possibles à des événements professionnels stressants comme un conflit, un licenciement, un entretien d'évaluation difficile, une négociation, une réorganisation, etc.

Pensez à un événement stressant précis. Évaluez ses effets sur vous à l'aide de l'échelle suivante : non ; faible ; moyen ; élevé.

	Non	Faible	Moyen	Élevé		Non	Faible	Moyen	Élevé
L'événement revient sous forme de :					L'événement a produit une attitude de :				
1. Flash-back : sons ou images					11. Distance envers les autres				
2. Rêves répétitifs					12. Vigilance excessive				
3. Sensations désagréables					13. Alerte envers l'environnement				
4. Souvenirs permanents					14. Grande méfiance				
5. Rêveries envahissantes					15. Protection excessive				
6. Scènes visuelles répétitives					16. Refus de tout souvenir				
7. Bruits, murmures envahissants					17. Fuite envers tout ce qui peut le rappeler				
8. Ruminations					18. Désintérêt pour des activités aimées avant				
9. Idées répétitives					19. D'isolement				
10. Images en boucle					20. Retrait affectif				

Le souvenir de l'événement produit des :								
21. Palpitations cardiaques				26. Difficultés de concentration				
22. Suées				27. Sursauts impromptus				
23. Accès de colère				28. Réactions à fleur de peau				
24. Épisodes d'irritabilité				29. Sensations de mal-être				
25. Difficultés d'endormissement				30. Douleurs physiques				

Analysez vos scores : L'état de stress post-traumatique se caractérise par trois types de difficultés : la répétition de l'événement (items 1 à 10) ; l'évitement de tout ce qui rappelle l'événement (items 11 à 20) et l'hyperactivité neurovégétative (items 21 à 30).

Prêtez attention aux scores élevés. Repérez la catégorie où vous obtenez plusieurs scores élevés. Il est possible d'avoir des manifestations post-traumatiques dans une seule catégorie ou dans les trois. Des scores élevés vous indiquent que des indicateurs de stress traumatique clignotent et qu'il est temps de chercher de l'aide auprès d'un psychologue spécialisé dans le soutien post-traumatique.

Attention : Vous ne pouvez pas conclure présenter un état de stress post-traumatique si vous souffrez d'un seul symptôme comme, par exemple, les troubles du sommeil, car il existe de nombreux individus qui souffrent d'insomnies matinales et qui ne présentent pas, pour autant, d'état de stress post-traumatique mais, plutôt, un trouble anxieux ou dépressif.

Chapitre 2

Ce qui nous stresse

Il existe quatre catégories de sources de stress : les événements de vie majeurs, les tracas quotidiens, les conflits de rôles sociaux et les stresseurs spécifiques, par exemple, professionnels.

Les événements de vie majeurs

Les événements de vie susceptibles de produire une réaction de stress sont multiples mais ils sont différents pour chaque personne.

Questionnaire : Vos événements de vie majeurs

Indiquez les événements que vous avez vécus en inscrivant une croix [X] dans la colonne Oui. Puis, évaluez le degré de stress que chaque événement a provoqué à l'aide d'une note comprise entre 0 et 20.

ÉVÉNEMENT	Oui	Note		ÉVÉNEMENT	Oui	Note	
Déménagement			A	Promotion			A
Annonce d'une grossesse			B	Mariage			B
Départ d'un enfant du foyer			C	Fin de la scolarité			D

• • •

Changement de conditions de travail ou changement de travail		E	Retraite		E
Changement d'horaires de travail		F	Préparation d'un examen important		F
Émigration		G	Problème financier mineur		G
Dispute au travail		H	Emprunt important		H
Dispute avec un membre de la famille		I	Disputes conjugales		I
Échec à un examen important		J	Début de relation extraconjugale		J
Procès		J	Maladie d'un membre de la famille		K
Dégradation du statut social		L	Maladie personnelle sérieuse		L
Décès d'un ami proche		L	Chômage		L
Licenciement		M	Faillite		M
Divorce		M	Passage en justice		M
Emprisonnement		N	Problème financier majeur		N
Infidélité du conjoint		N	Décès d'un membre de la famille		N
Décès d'un enfant		O	Décès du conjoint		P

Dans le questionnaire, chaque événement est associé à une lettre de l'alphabet : A est lié à une promotion ou un déménagement et la lettre P, au décès d'un conjoint. Vos scores vous indiquent l'intensité du stress correspondant à chaque événement rencontré.

Dans le tableau ci-dessous, la lettre A vaut 5 points et la lettre P vaut 20 points. Tels sont les degrés de stress observés dans une population française représentative[1].

A	B	C	D	E	F	G	H	I	J	K	L	M	N	O	P
5	6	7	8	9	10	11	12	13	14	15	16	17	18	19	20

Analysez vos résultats : Vous pouvez comparer vos évaluations chiffrées au degré de stress moyen obtenu dans un vaste échantillon. Cette comparaison entre vos résultats et ceux d'une population représentative vous indique si vous sous-évaluez ou si, à l'inverse, vous surévaluez votre stress.

Reportez dans le questionnaire la valeur chiffrée de chaque lettre (A = 5 ; C = 7, etc.) du tableau ci-dessus afin de comparer ces estimations et vos évaluations.

Les tracas quotidiens

Les tracas quotidiens sont constitués de toutes les petites irritations et de tous les soucis que l'on rencontre dans sa vie de tous les jours : soucis ménagers (courses ; ménage ; lessive ; préparation des repas), problèmes de santé (maladies, consultations, prescriptions), problèmes de gestion du temps (horaires chargés, manque de temps), problèmes personnels (solitude, etc.), problèmes environnementaux (bruits, insécurité), problèmes financiers (dettes, emprunts), problèmes professionnels (insatisfaction au travail, conflits avec des collègues), soucis de sécurité à long terme (sécurité d'emploi, placements boursiers).

Les tracas les plus stressants sont les préoccupations liées à la sphère professionnelle, suivies des tracas relatifs à l'environnement, ensuite viennent les soucis liés à la sphère familiale, puis la surcharge (trop de choses à faire, trop de responsabilités, etc.), la santé, la vie quotidienne.

---

1. Rivolier J., *L'Homme stressé*, Paris, PUF, 1989.

Ils ont un impact plus important sur la santé que les événements de vie ponctuels, même majeurs. Les stresseurs chroniques fragilisent davantage certains individus que les stresseurs aigus[1]. Ils peuvent être à l'origine de problèmes de santé très sérieux.

Les conflits de rôles sociaux

Les différents rôles sociaux créent parfois des tensions chroniques, car la vie au travail et la vie hors travail ne sont pas des compartiments étanches mais fonctionnent en étroite interaction.

Les femmes cumulent souvent plusieurs rôles sociaux. En effet, la répartition de la charge de travail hors du temps de travail proprement dit est encore très inégalitaire entre les hommes et les femmes dans les pays de l'Union européenne. En 2000, l'éducation des enfants à la maison était à la charge des femmes dans 41 % des cas contre 24 % pour les hommes, la cuisine revenait à 64 % des femmes contre 13 % des hommes, le ménage à 63 % des femmes contre 12 % des hommes[2]. Toutefois, le cumul n'est pas forcément synonyme de mal-être, conflits, etc.

Au contraire, l'exercice de responsabilités nombreuses, le plaisir à pratiquer des activités professionnelles contribuent au bien-être des femmes. Tout dépend de l'épanouissement personnel possible au travail. Or celles-ci occupent souvent des postes peu qualifiés ou précaires.

Questionnaire : Vos conflits de rôles

Ce questionnaire liste différents rôles possibles. Cochez à l'aide d'une croix dans la case Oui les rôles que vous devez assumer et cumuler. Puis, évaluez la contrainte de chaque rôle à l'aide d'une note comprise entre 0 (aucune contrainte) et 10 (contrainte maximale).

---

1. Bruchon-Schweitzer M., *Psychologie de la santé. Modèles, concepts et méthodes*, Paris, Dunod, 2002, p. 155.
2. Bureau international du travail, *La Qualité du travail et de l'emploi en Europe*.

LE DEGRÉ DE CONTRAINTE DE MON RÔLE DE :	Oui	0	1	2	3	4	5	6	7	8	9	10
Conjoint												
Chef de famille												
Délégué du personnel												
Directeur (DG, DRH)												
Dirigeant d'entreprise												
Employeur												
Gestionnaire de budget familial												
Manager												
Parent												
Parent seul												
Personnel soignant												
Représentant de la loi (police, magistrat, juge)												
Responsable d'enfants												
Responsable d'équipes et de collaborateurs												
Responsable de la vie d'autrui (médecin, urgentiste, pompier)												
Responsable de projets												
Responsable politique												
Responsable syndical												
Autre :												
Autre :												

Résultats : Certains des rôles sociaux que vous assumez peuvent être sources de stress alors que d'autres ne le sont pas. Repérez les rôles qui suscitent trop de tensions. Demandez-vous s'ils sont *contradictoires* et si le conflit se joue au niveau du temps, des valeurs, de votre personnalité, de vos rêves ?

Par exemple, les résultats d'enquêtes auprès des personnels d'encadrement[1] montrent l'importance des conflits dans le stress des cadres :

– 60 % des cadres déclarent avoir des difficultés à concilier le travail et la vie privée ;

– 26 % n'assistent pas à des événements familiaux importants à cause du travail.

L'interface travail-famille : une source de tensions importantes

Guy se voit proposer une promotion attractive sur le plan financier et professionnel mais le nouveau poste exige des déplacements fréquents en province et à l'étranger. Guy hésite à accepter cette nouvelle fonction, car ses absences sont déjà sources de critiques de la part de sa femme. Il entend souvent ces reproches : « Tu ne t'occupes pas assez de tes enfants », « Il n'y a que le travail qui compte pour toi », « Quand tu es avec nous, tu es tellement fatigué que tu n'es pas présent », « Tu ne penses qu'à ton travail », etc. Il ne cesse de ruminer ces pensées négatives : « Personne n'est content dans cette situation. » « À quoi bon se démener autant », « Et si j'arrêtais tout », etc. Ces autocritiques associées à celles incessantes de sa femme et de ses fils engendrent chez Guy un profond sentiment de découragement, une fatigue chronique qui ont conduit son médecin à lui prescrire un arrêt de travail.

Ces conflits entre vie professionnelle et vie privée sont parfois aggravés par des conflits propres au travail.

---

1. L'enquête de la confédération CFE-CGC de 2007 a interrogé en ligne 975 personnes représentant un échantillon représentatif de la population des cadres actifs français. Site internet : *www.cfecgc.org*

Conflits entre rôles professionnels

Les différents rôles professionnels sont parfois, eux-mêmes, sources de tensions :

- le *conflit de rôle* résulte des demandes contradictoires de différents collaborateurs ;

- l'*ambiguïté de rôle* naît d'un manque de clarté dans la définition du rôle de l'individu dans son travail, ses missions, ses objectifs, ses responsabilités. Celles-ci sont plus stressantes quand elles impliquent des êtres humains et pas seulement des biens matériels. Elles sont à l'origine de l'épuisement professionnel ou *burnout* où s'expriment une usure émotionnelle, une agressivité envers les clients, observées par exemple chez certains soignants, certains contrôleurs aériens ou conducteurs de train, etc.

- les *interactions sociales* sont au cœur de la rivalité entre collègues et de l'autoritarisme de certains responsables hiérarchiques.

Tout conflit et toute ambiguïté de rôle ont un impact négatif en créant de l'insatisfaction professionnelle, de l'absentéisme, une réduction d'implication ou d'engagement.

Vie au travail : quelques chiffres

Plus du quart des personnels d'encadrement et des cadres[1] déplorent des responsabilités mal définies (38 %), des objectifs irréalistes (43 %), une situation de concurrence avec les collègues (42 %) et des tâches ou actes contraires à leur éthique et source de conflits (29 %).

Note optimiste

La quatrième enquête européenne sur les conditions de travail montre que quatre travailleurs sur cinq (80 %) se disent satisfaits de l'équilibre entre leur vie professionnelle et leur vie privée. Toutefois, plus de 44 % de ceux qui ont des horaires de travail lourds (plus de 48 heures par semaine) pensent le contraire.

➤

---

1. Enquête CFE CGC, 2007 ; site : *www.cfecgc.org*

> ➤

Nouveauté européenne

Les hommes travaillant dans l'Union européenne, notamment les pères ayant un emploi, sont moins satisfaits de l'équilibre entre leur vie professionnelle et leur vie privée que les femmes.

Statu quo en France

Le taux de satisfaction au travail est très inférieur chez les femmes (77 %) à celui des hommes (83 %)[1]. L'écart s'explique par le décalage entre la charge de travail et le niveau de rémunération, très inférieur dans la population active féminine.

Les stresseurs professionnels

Chaque collectif d'individus est confronté à des agents stressants particuliers. L'Organisation mondiale de la santé (OMS)[2] distingue neuf catégories de risques liés au stress (voir tableau 1).

Tableau 1 — Neuf catégories de risques liés au stress

CONTENU DU TRAVAIL	
1. Nature des tâches	Tâches monotones, peu stimulantes, dépourvues de sens, déplaisantes, répugnantes
2. Charge de travail, rythme et cadences	Avoir trop ou trop peu à faire Avoir de fortes contraintes temporelles
3. Horaires de travail	Horaires stricts immuables, trop longs, imprévisibles et incompatibles avec la vie sociale
4. Participation et contrôle	Manque de participation à la prise de décision ou de contrôle sur les méthodes de travail • • •

---

1. *L'Express*, du 16 novembre 2006, « L'engagement en questions ».
2. Organisation mondiale de la santé, *Organisation du travail et stress*, série « Protection de la santé des travailleurs », n° 3. I. WHO, *Institute of Work, Health and Organisations*, 2004. *http://www.who.int/oeh/index.html*

CONTEXTE PROFESSIONNEL	
5. Progression de carrière	Précarité de l'emploi Manque de perspectives de promotion, de reconnaissance sociale, de systèmes d'évaluation des performances clairs ou inéquitables Sur ou sous-qualification pour le poste
6. Rôle au sein de l'entreprise	Rôles peu clairs Plusieurs rôles incompatibles Responsabilité de plusieurs personnes
7. Relations interpersonnelles	Manque de considération des responsables hiérarchiques Mauvaises relations entre collègues Brimades, harcèlement, violence, isolement
8. Culture d'entreprise	Mauvaise communication Absence de transparence des objectifs de l'entreprise
9. Liens entre la vie professionnelle et la vie privée	Conflits entre exigences de la vie professionnelle et de la vie privée Manque d'appui à la maison pour les problèmes rencontrés au travail Manque de reconnaissance des problèmes personnels au travail

Questionnaire : Découvrez vos stresseurs professionnels

Évaluez le degré de stress produit par les trente propositions suivantes en attribuant une note comprise entre 0 (aucun stress) et 10 (stress maximal) en entourant un chiffre par ligne.

1. Évolution du monde du travail	0	1	2	3	4	5	6	7	8	9	10
2. Accélération des changements	0	1	2	3	4	5	6	7	8	9	10
3. Augmentation des incertitudes	0	1	2	3	4	5	6	7	8	9	10
4. Impossibilité de prévoir	0	1	2	3	4	5	6	7	8	9	10
5. Fusions, restructurations	0	1	2	3	4	5	6	7	8	9	10
6. Nouvelles technologies	0	1	2	3	4	5	6	7	8	9	10

7. Organisation mouvante de l'entreprise	0	1	2	3	4	5	6	7	8	9	10
8. Nouveauté et inconnu	0	1	2	3	4	5	6	7	8	9	10
9. Sentiment de moins pouvoir contrôler	0	1	2	3	4	5	6	7	8	9	10
10. Évolution des conditions de travail	0	1	2	3	4	5	6	7	8	9	10
11. Culte de l'excellence	0	1	2	3	4	5	6	7	8	9	10
12. Surqualification du travail	0	1	2	3	4	5	6	7	8	9	10
13. Directives contradictoires	0	1	2	3	4	5	6	7	8	9	10
14. Imprévisibilité de l'activité	0	1	2	3	4	5	6	7	8	9	10
15. Surcharge de travail	0	1	2	3	4	5	6	7	8	9	10
16. Forte contrainte de temps	0	1	2	3	4	5	6	7	8	9	10
17. Interruptions fréquentes	0	1	2	3	4	5	6	7	8	9	10
18. Pression trop forte	0	1	2	3	4	5	6	7	8	9	10
19. Objectifs irréalistes	0	1	2	3	4	5	6	7	8	9	10
20. Culte de la performance	0	1	2	3	4	5	6	7	8	9	10
21. Ambiance de travail	0	1	2	3	4	5	6	7	8	9	10
22. Communication entre collègues	0	1	2	3	4	5	6	7	8	9	10
23. Manque de soutien des supérieurs	0	1	2	3	4	5	6	7	8	9	10
24. Indisponibilité des supérieurs	0	1	2	3	4	5	6	7	8	9	10
25. Compétence des supérieurs	0	1	2	3	4	5	6	7	8	9	10
26. Plusieurs rôles contradictoires	0	1	2	3	4	5	6	7	8	9	10
27. Exigence des clients ou usagers	0	1	2	3	4	5	6	7	8	9	10
28. Impatience du public, auditoire, etc.	0	1	2	3	4	5	6	7	8	9	10
29. Rivalités entre collègues	0	1	2	3	4	5	6	7	8	9	10
30. Management irrespectueux	0	1	2	3	4	5	6	7	8	9	10

Calculez vos scores : Additionnez vos scores aux dix premières proposi-tions, puis vos scores aux items suivants (de 11 à 20), et enfin, vos sco-res aux dernières propositions (de 21 à 30). Indiquez vos résultats dans la colonne « Total » du tableau ci-dessous. Chaque score est compris entre 0 et 100.

ITEMS	CALCULEZ VOS SCORES	HIÉRARCHISEZ	ANALYSEZ
	Total (0-100)	Rang (entourez)	Facteurs de stress liés
de 1 à 10	....	1 2 3	à l'environnement professionnel
de 11 à 20	....	1 2 3	à la tâche
de 21 à 30	....	1 2 3	aux relations

Hiérarchisez vos scores : Entourez dans la colonne « Rang », le chiffre 1 pour la catégorie de stresseurs obtenant le score le plus élevé, puis entourez le rang 2 et enfin, entourez le rang 3 pour la catégorie qui obtient le score le plus faible. Cette hiérarchisation vous permet d'identi-fier la catégorie des stresseurs les plus intenses dans votre activité pro-fessionnelle.

Analysez vos scores : les stresseurs professionnels testés dans ce ques-tionnaire sont liés à l'environnement professionnel, à la tâche à accom-plir, aux relations interpersonnelles.

L'*environnement professionnel* se caractérise par des incertitudes rele-vant de l'évolution du monde du travail : l'accélération du rythme du changement, l'impossibilité de prévoir, donc de s'organiser, les fusions, les restructurations, les nouvelles technologies.

L'*activité professionnelle* est source de stress quand il existe une mau-vaise définition du poste, une sous-qualification ou une surqualification, des directives contradictoires ou incompatibles, une grosse charge de travail, un zapping d'activités (un cadre est interrompu toutes les dix minutes en moyenne). Certains professionnels souffrent de sous-charge de travail (tâches monotones, répétitives, sources d'une insatisfaction professionnelle), alors que d'autres employés souffrent d'une surcharge qui peut être quantitative (trop d'informations à traiter) ou qualitative (traitement accéléré des informations). L'activité professionnelle est source de frustrations : celle-ci naît de toutes les attentes déçues telles que le manque de considération des salariés, etc.

Les *relations interpersonnelles* sont des causes très fréquentes de stress au travail : une mauvaise ambiance, une mauvaise communication, un faible soutien et une indisponibilité des supérieurs, le contact avec le public, l'agressivité des gens. Pour un salarié sur trois, les relations dans le travail s'accompagnent de tensions[1].

Stress et types de travail

Quatre types de situations professionnelles sont décrits dans le modèle du stress de Karasek[2] — actif, passif, détendu et surchargé — qui croise deux caractéristiques (voir figure 3) :

- la *demande psychologique* : la quantité de travail, les contraintes de temps, les exigences intellectuelles requises ;
- la *latitude décisionnelle* : l'autonomie dans l'organisation des tâches, la participation aux décisions, la possibilité de développer de nouvelles compétences.

LATITUDE DÉCISIONNELLE		DEMANDE PSYCHOLOGIQUE	
		Élevée	Faible
	Élevée	*Actif*	*Détendu*
	Faible	*Surchargé*	*Passif*

Figure 3 — Quatre types de situations du modèle de Karasek

Le travail peut être *actif* (latitude et demande psychologique élevées), *passif* (latitude et demande psychologique faibles), *détendu* (latitude élevée et demande psychologique faible), *surchargé* (latitude faible et demande psychologique élevée).

---

1. Ministère de l'Emploi, de la Cohésion sociale et du Logement, enquête « Conditions de travail », janvier 2007.
2. Karasek R.A., « Jobs demands, job decision latitude and mental strain : Implications for job redesign », *Administrative Science Quartely*, 24, 1979, p. 285-308.

La surcharge de travail est la situation exposant le plus au stress, car elle combine à la fois une demande psychologique élevée et une faible latitude décisionnelle. Le stress est maximum quand la charge de travail trop élevée ou insuffisante est associée à un manque de reconnaissance, un manque de sens, une perte d'autonomie, des contraintes éthiques, émotionnelles ou relationnelles.

Les contrôleurs aériens ont un métier extrêmement exigeant et difficile, étant responsables de nombreuses vies humaines. L'hypertension, les ulcères et les diabètes sont quatre fois plus fréquents chez les contrôleurs aériens que chez les pilotes ayant le même âge et des horaires de travail comparables. Ces maladies sont également plus fréquentes chez les contrôleurs aériens travaillant dans des aéroports à trafic intense.

L'autonomie dans le travail et les exigences professionnelles sont les deux facteurs de risque retenus dans les enquêtes nationales et européennes pour évaluer la fréquence des maladies liées au stress au travail (voir tableau 2).

Tableau 2 — Proportion de cas attribuables au stress professionnel (en %)[1]

MALADIES	HOMMES	FEMMES
Cardio-vasculaires	5,7	1,5
Dépressives	7,5 à 10,1	6,1 à 8,3
Musculo-squelettiques et lombalgiques	9,4	3,9
Total	8,6 à 21,3	7,1 à 17,9

Le stress au travail dépend étroitement du soutien social des collègues ou des supérieurs hiérarchiques. Cette caractéristique relationnelle solidaire modère le déséquilibre entre la *demande psychologique* et *la latitude décisionnelle*. En effet, un travail surchargé qui combine une demande psychologique élevée et une faible latitude décisionnelle est

---

1. Enquêtes « Conditions de travail » auprès d'un échantillon de vingt mille personnes, représentatif de la population active française, DARES, ministère chargé du Travail, 1998.

mieux supporté si la personne est soutenue par son entourage professionnel.

Plusieurs éléments sont propices à transformer une activité professionnelle intéressante en calvaire. Le questionnaire ci-dessous vous permet de tester vos sources de satisfaction ou de stress.

Questionnaire : Le travail : entre plaisir et souffrance

Évaluez chaque facteur spécifique à votre activité professionnelle à l'aide de l'échelle suivante : 1 = faible ; 2 = moyen ; 3 = élevé.

	Faible	Moyen	Élevé		Faible	Moyen	Élevé
	1	2	3		1	2	3
1. La quantité de travail	1	2	3	9. La dépendance à l'égard du travail des autres	1	2	3
2. Le travail mental	1	2	3	10. Les freins ou ralentissements	1	2	3
3. La concentration exigée	1	2	3	11. La prise de décisions	1	2	3
4. Les interruptions	1	2	3	12. L'autonomie d'organisation	1	2	3
5. La concentration sur de longues périodes	1	2	3	13. Le choix de la méthode de travail	1	2	3
6. Le travail mouvementé	1	2	3	14. L'influence personnelle dans votre travail	1	2	3
7. Le manque de temps pour réaliser le travail	1	2	3	15. L'utilisation de vos compétences	1	2	3
8. La rapidité du travail	1	2	3	16. L'acquisition de nouvelles compétences	1	2	3

• • •

17. L'utilisation de vos qualifications	1	2	3	29. Le crédit des supérieurs envers le travail effectué	1	2	3
18. Le travail varié	1	2	3	30. L'aide des supérieurs	1	2	3
19. La créativité	1	2	3	31. Le traitement juste des managers	1	2	3
20. La diversité des choses différentes à faire	1	2	3	32. Le salaire satisfaisant	1	2	3
21. L'appartenance à une équipe	1	2	3	33. La sécurité d'emploi	1	2	3
22. Les relations avec des collègues	1	2	3	34. Le respect au travail	1	2	3
23. L'aide de collègues en cas d'urgence	1	2	3	35. Le climat de justice	1	2	3
24. L'intérêt des collègues envers vous	1	2	3	36. L'estime au travail	1	2	3
25. Les conseils des collègues	1	2	3	37. Les perspectives de promotion	1	2	3
26. La confiance des supérieurs	1	2	3	38. Le traitement équitable des managers	1	2	3
27. Les conseils et le soutien des supérieurs	1	2	3	39. Le respect des supérieurs	1	2	3
28. Le travail en équipe suscité par la hiérarchie	1	2	3	40. La position professionnelle correspondant à la formation	1	2	3

Calculez vos scores : Totalisez vos scores pour chacun des quatre groupes d'exigences professionnelles. Chaque groupe de dix items obtient un score total compris entre 10 et 30.

Cochez la case « Scores élevés » en demande psychologique si votre total est supérieur à 25 et les cases « Scores faibles » si vos totaux sont inférieurs à 15 en latitude décisionnelle, soutien social et en reconnaissance.

Quatre groupes	Calculez vos scores [10-30]	Scores faibles [<15]	Scores moyens [15-25]	Scores élevés [>25]	Analysez vos scores
Items 1 à 10	....				Demande psychologique
11 à 20	....				Latitude décisionnelle
21 à 30	....				Soutien social
31 à 40	....				Reconnaissance

Demande psychologique élevée : des scores majoritairement élevés doivent alerter sur la nécessité de diminuer les contraintes professionnelles, la charge de travail et d'augmenter les plages de détente, les temps de loisirs.

Latitude décisionnelle faible : des scores faibles doivent vous inciter à augmenter vos marges de manœuvre et d'autonomie, les possibilités de prendre des initiatives, de développer davantage votre créativité, etc.

Soutien social faible : des scores faibles devraient vous motiver pour solliciter davantage l'aide de vos collègues, de vos collaborateurs ou de vos managers.

Reconnaissance faible : dans ce cas, identifiez le domaine où la reconnaissance est la plus déficiente, car trois dimensions existent dans le sentiment de reconnaissance :

– la dimension socio-émotionnelle comprend l'estime et le respect que l'on reçoit de son travail ;

– la dimension de contrôle sur son propre statut professionnel est mesurée par les perspectives de promotion et la sécurité d'emploi ;

– la dimension financière touche à la rémunération.

Pour une meilleure qualité de vie au travail

Toute action qui cherche à améliorer la qualité de vie au travail doit viser l'augmentation de la latitude décisionnelle, la hausse du soutien social des collègues et des supérieurs et l'augmentation de la reconnaissance, véritables antidotes aux sollicitations toujours croissantes, qu'il faut chercher à contrôler.

C'est d'ailleurs ce que recommande aussi l'Organisation mondiale de la santé pour une amélioration de la santé au travail (*cf.* tableau 3).

Tableau 3 — Pour une meilleure santé mentale au travail

AMÉLIORER LA SANTÉ MENTALE AU TRAVAIL		
DIMINUER ↓		AUGMENTER ↑
Demande psychologique	+	Latitude décisionnelle
		Soutien social
		Reconnaissance

Une situation inquiétante pour les salariés français

Les enquêtes internationales, européennes et nationales tirent la sonnette d'alarme en ce qui concerne les conditions de travail en France.

Au *niveau international*, le Bureau international du travail alerte sur la situation des salariés français[1], car la France avec l'Argentine, le Canada et l'Angleterre sont des pays où la fréquence des agressions et

---

1. Organisation internationale du travail, *La Violence sur le lieu de travail. Un problème mondial*, 20 juillet 1998, BIT/98/30, *http://www.ilo.org/public/french/bureau/inf/pr/1998/30.htm*

des cas de harcèlement sexuel sur le lieu de travail est la plus élevée. La violence sur le lieu de travail provient, selon cet organisme international, « d'un ensemble de causes qui inclut l'individu, le milieu et les conditions de travail, les rapports entre employés, les rapports entre ces derniers et les clients et, enfin, les rapports entre la direction et les employés ».

La France et l'Europe : quelques chiffres[1]

La violence au travail

En France, 9 % des salariés déclarent être exposés à la violence alors que la moyenne européenne est de 5 %.

La satisfaction au travail

Le taux de satisfaction des Français au travail (78 %) est inférieur à la moyenne européenne (84 %) et il est très inférieur au taux de satisfaction dans d'autres pays européens comme le Danemark (95 %), la Finlande (93 %), l'Allemagne (91 %), l'Italie (91 %), l'Espagne (89 %) la Grande-Bretagne (84 %).

La charge de travail

La France se distingue des autres pays européens par une augmentation des demandes quantitatives de travail. Les salariés français déplorent un manque de temps pour finir leur travail (49 %), des cadences plus élevées qu'avant (79 %) et des objectifs irréalistes fixés par les managers (41 %).

Les relations interpersonnelles au travail

Parmi les facteurs créant du stress au travail, les salariés français déclarent les relations avec les supérieurs (26 %), le manque de soutien des collègues (26 %).

Au *niveau national*, plusieurs enquêtes confirment les observations européennes et internationales révélant des conditions inquiétantes pour les travailleurs français.

---

1. European Foundation for the Improvement of Living and Working Conditions, 2006, *www.eurofound.europa.eu/ewco/*

L'enquête en ligne auprès des lecteurs du *Journal du net management*[1] révèle que :

- *l'urgence des tâches et le volume du travail* constituent les causes principales du stress au travail pour 48 % des répondants ;

- *le comportement du manager* occupe la deuxième place dans les plaintes des cadres : le manager déçoit et son comportement est directement mis en cause dans un quart des cas ;

- *la pression élevée, fréquente est en augmentation* : la pression dans le travail concerne la presque totalité des participants à l'enquête : elle est fréquente pour un peu plus de la moitié des salariés, permanente pour un tiers. La pression est élevée pour 78 % des répondants et elle a augmenté pour une majorité d'entre eux, au cours des deux dernières années ;

- *le stress est pris en compte par l'entreprise* pour 18 % seulement des répondants à l'enquête.

Origines et facteurs de stress : quelques chiffres

L'enquête menée auprès des cadres français[1] expose les origines du stress chez les cadres :
– le manque de temps pour accomplir son travail (62 %) ;
– le rythme de travail (83 %) et l'alourdissement de la charge de travail (76 %) ;
– les objectifs irréalistes assignés par la direction (36 %) ;
– le manque d'information sur la stratégie d'entreprise (39 %) ;
– le manque de reconnaissance de ses efforts pour 47 % d'entre eux ;
– le manque de récompenses des efforts (70 %).
Les facteurs de stress ressentis par le personnel d'encadrement sont dans l'ordre :
– le fait d'être fréquemment interrompu (45 %) ;
– le fait de se sentir en situation de concurrence avec les collègues (42 %) ;
– le fait d'être confronté à des clients agressifs (34 %) ;

➤

---

1. Enquête de *Journal du net management*, 2006.
2. Confédération CFE-CGC : *www.cfecgc.org*, enquête 2007.

> – le fait d'être exposé à un risque de perte financière (32 %) ;
> – le fait d'avoir à exécuter des actions qui ne correspondent pas à son éthique (29 %) ;
> – le fait de se sentir en situation de harcèlement moral (21 %) ;
> – le fait de subir des remontrances devant des collègues (17 %) ;
> – le fait d'être confronté à des problèmes de discrimination (14 %).

L'enquête de l'Observatoire du travail[1] offre des données plus contrastées, inquiétantes pour certaines mais positives pour d'autres :

- le *taux de satisfaction au travail* est plutôt élevé : quatre salariés sur cinq se déclarent satisfaits de leur travail. En revanche, le taux de satisfaction moyen diffère fortement selon la catégorie sociopro-fessionnelle : il est très faible chez les employés comparé à celui des cadres supérieurs. Les femmes aussi ont un taux de satisfaction très inférieur à celui des hommes. Cette différence s'explique par l'écart croissant entre la charge de travail et le niveau de rémuné-ration ;

- le *sentiment de reconnaissance* est en baisse : les salariés sont 60 % à se dire correctement reconnus dans leur travail contre 65 % en 2003. Or, plus les salariés s'estiment mal reconnus, plus la pres-sion au travail est mal vécue ;

- *l'implication au travail est forte.* Une majorité de salariés déclarent être très impliqués. Or l'implication dépend du dialogue, de la communication et de l'information. Elle dépend aussi de la confiance dans l'avenir : un salarié inquiet aura plus de difficultés à s'engager dans le travail. Une petite majorité de salariés se décla-rent confiants dans leurs capacités d'évolution professionnelle. Les femmes (un écart de 8 points entre elles et les hommes) et les employés manifestent davantage d'inquiétude.

---

1. *L'Express*, « L'engagement en questions », 16 novembre 2006. Sondage BVA pour l'observatoire du travail, *L'Express*, Bernard Brunhes Consultants groupe BPI).

Une enquête sur les conditions de travail[1] liste à la fois des indicateurs révélant une amélioration des conditions de travail et des données montrant une dégradation. Son titre : *Une pause dans l'intensification du travail et une amélioration relative des relations professionnelles (entre 1998 et 2005)* est loin de refléter fidèlement la réalité des conditions de travail en France. Voici les données favorables à l'amélioration annoncée :

- moins de la moitié des salariés français déclarent *travailler dans l'urgence* ; ils étaient plus de la moitié en 1998, cette baisse touche toutes les catégories socioprofessionnelles. Cependant, ce constat est contredit par d'autres études récentes montrant que l'urgence des tâches à effectuer reste la principale cause du stress au travail[2] ;

- *les possibilités d'entraide ou de coopération et l'ambiance de travail* connaissent une amélioration. La grande majorité des salariés déclarent pouvoir trouver de l'aide auprès de leurs collègues ou auprès de leurs supérieurs hiérarchiques. Seulement 11 % des salariés regrettent un manque de coopération.
  De façon générale, on note une tension moindre dans les relations entre collègues, entre les salariés et leur hiérarchie. Ils déclarent recevoir moins souvent « des ordres ou des indications contradictoires ». Cependant, lorsque tension il y a, elle reste plus forte avec la hiérarchie qu'avec les collègues.
  Les tensions avec le public ont diminué mais elles restent cependant élevées : un salarié sur quatre en contact avec le public déclare subir des agressions verbales[3] ;

Voici les indicateurs montrant une dégradation des conditions de travail :

- *la diminution des marges de manœuvre* : les professionnels sont de plus en plus nombreux à recevoir des indications précises, à ne pas

---

1. DARES, ministère de l'Emploi, de la Cohésion sociale et du Logement. Enquête « Conditions de travail », janvier 2007, n° 01.2.
2. Enquête « Stress au travail », *Journal du net management*.
3. DARES, ministère de l'Emploi, de la Cohésion sociale et du Logement. Premières synthèses « Contact avec le public », avril 2007, n° 15.1.

pouvoir choisir la manière de procéder ou à ne pas être autorisés à régler les incidents. Les femmes ont encore moins de marges de manœuvre que les hommes ;

- le nombre de salariés qui *doivent abandonner une tâche pour une autre* augmente régulièrement (plus de la moitié). C'est surtout le cas des cadres, des professions intermédiaires et des employés administratifs. Toutefois, ces interruptions sont perçues comme moins perturbatrices pour leur travail et mieux intégrées dans leurs activités ;

- les *contraintes temporelles sont en constante augmentation* : les salariés sont de plus en plus nombreux à déplorer un rythme de travail imposé par des normes ou des délais de production de plus en plus stricts (en une heure au plus).

Les secteurs les plus stressants

Les secteurs les plus touchés (par ordre décroissant), au niveau européen[1], sont les administrations ; l'éducation ; les secteurs industriels : électricité, gaz, eau et production manufacturée ; la santé ; les transports ; les intermédiaires financiers.

Les secteurs éducatifs et médicaux sont en ligne de mire. Selon la dernière enquête européenne, les employés des secteurs de l'enseignement et de la santé sont six fois plus nombreux à avoir fait l'objet de menaces de violence physiques que les salariés du secteur industriel.

Le secteur tertiaire, particulièrement les activités de service, figurent parmi les secteurs d'activités les plus sensibles au stress. Trois salariés sur quatre travaillent dans ce secteur où deux salariés sur trois sont en contact avec le public. La moitié d'entre eux déclare vivre des situations de tension que ce soit dans les transports, les activités financières, l'éducation, la santé et l'administration.

---

1. Fourth European Working Conditions Survey, *Impact of Work on Health*, p. 61-66. *www.eurofound.eu.int*

Dans les activités en contact avec le public, les femmes sont en première ligne. Deux femmes sur trois travaillent dans des activités de service contre un peu plus de la moitié des hommes. Les populations à risque sont liées à la nature de la tâche qui est sexuée. La population active féminine cumule les contraintes liées à la nature de l'activité, à la contrainte temporelle, à l'absence de qualification et de reconnaissance.

Inégalité de traitement des salariés

Le stress dépend de l'âge, du genre et de la catégorie socioprofessionnelle. De même, le stress croît avec l'âge : de 6,2 pour les salariés de moins de 35 ans, il passe à 6,5 pour les plus de 45 ans[1].

Les seniors à qui l'on propose de continuer ou de reprendre une carrière professionnelle cumulent[2] *une moindre reconnaissance* — alors que les études démontrent qu'ils présentent des capacités cognitives équivalentes aux autres — et *une précarité de l'emploi* (contrats de courte durée et sans perspective). La situation est paradoxale, car il faut travailler plus longtemps puisque la durée de vie augmente.

Les jeunes ne sont pas épargnés. Dans la restauration rapide par exemple, les employés ont une moyenne d'âge de 23 ans alors que la moyenne d'âge des salariés français s'élève à 40 ans[3]. Le premier facteur de pénibilité dans ce secteur est le rythme de travail au moment du coup de feu et la pression hiérarchique. L'organisation du travail est dictée par la contrainte économique d'un chiffre d'affaires réalisé à 80 % en quatre heures par jour. Ces contraintes organisationnelles retentissent sur les salariés qui se plaignent de fatigue, de douleurs de l'appareil locomoteur, d'irritabilité. Les pourcentages de

---

1. Enquête de *Journal du net management*, 2006.
2. CFE-CGC, septembre 2006.
3. Chautard G., Cuvillier F., Grimaud I., Richoux C., *Le Travail dans la restauration rapide à Paris*, Institut national de recherche et de sécurité (INRS), TF 77, Document pour le médecin du travail, 1997. *www.inrs.f@INRS*

ces troubles fonctionnels sont élevés pour une population de jeunes adultes.

Les femmes sont plus touchées par le stress que les hommes. L'impact du travail sur la santé est dénoncé par 24 % de femmes contre 22 % d'hommes[1]. En 2000, 29 % de femmes[2] déclaraient souffrir de stress contre 28 % d'hommes. Enfin, les femmes et particulièrement les jeunes femmes sont plus sujettes aux brimades et au harcèlement que les hommes[3].

Le stress des cadres, enfin, est une réalité inquiétante dans certaines enquêtes alors que d'autres sondages nuancent cette situation spécifique.

Le stress des cadres : quelques chiffres contradictoires

Trois cadres français sur quatre sous pression

C'est ce que révèle l'enquête en ligne du *Journal du net management*. Le score moyen du stress atteint 6,2 chez les non-cadres, 6 chez les cadres et 6,6 chez les cadres supérieurs. Les cadres supérieurs sont particulièrement exposés[4]. Le score moyen de tous les répondants s'élève à 6, 2 sur 10.

Plus on grimpe, moins on stresse

Pourtant, plusieurs enquêtes contredisent le stress massif des cadres :
– les statistiques européennes montrent une diminution du stress chez les cadres européens[5] depuis 1995 (de 37 % à 32 %) tandis que le stress connaît une augmentation chez les techniciens (de 29 % à 35 %) et les employés de bureau (de 22 % à 25 %) ;

➤

---

1. Fourth European Working Conditions Survey, *Impact of Work on Health*. *www.eurofound.eu.int*
2. Fondation européenne pour l'amélioration des conditions de vie et de travail, Troisième enquête européenne sur les conditions de travail, 2000, *http://eurofound.europa.eu.int/ewco/3wc/3wc32_3.htm*
3. Quatrième enquête européenne sur les conditions de travail, Fondation européenne pour l'amélioration des conditions de vie et de travail.
4. Enquête du *Journal du net management, 2006.*
5. Fondation européenne pour l'amélioration des conditions de vie et de travail, Troisième enquête européenne sur les conditions de travail, 2000.

➤

– le stress est moindre dans les catégories socioprofessionnelles élevées[1] selon une étude menée auprès de 70 000 salariés par un institut du stress. Les managers auraient une meilleure capacité d'anticipation à l'image de l'automobiliste qui déstresse lorsqu'il est informé qu'un embouteillage ne durera pas plus de quinze minutes.

Certaines caractéristiques du contexte professionnel (charge de travail et degré d'autonomie) ont un effet néfaste sur la santé physique et émotionnelle des individus. Mais l'impact des stresseurs dépend des individus qui sont plus ou moins vulnérables ou résistants face à une même situation professionnelle stressante, comme le montre le chapitre suivant.

---

1. Étude de l'Institut français de l'anxiété et du stress citée par Émeric Carré. *www.lefigaro.fr/emploiactu/20070421*

Chapitre 3

Ce qui augmente ou diminue la vulnérabilité au stress

Certaines caractéristiques personnelles contribuent à la résistance des individus face aux situations professionnelles difficiles tandis que d'autres contribuent à leur vulnérabilité.

L'anxiété et l'affectivité négative sont des caractéristiques qui augmentent la vulnérabilité des individus confrontés à des situations stressantes. À l'inverse, le lieu de contrôle interne et l'endurance contribuent à leur résistance.

La vulnérabilité au stress

Une tendance personnelle à être anxieux

La tendance à être anxieux est un trait de personnalité appelé « anxiété-trait ». C'est une propension à l'anxiété, une tendance générale à percevoir les situations difficiles comme menaçantes. L'anxiété-trait est marquée par une hypersensibilité aux situations difficiles et une inadaptation émotionnelle. Ce trait englobe l'inquiétude (composante cognitive) et l'émotivité (composante affective et d'activation physiologique).

Les sujets peu anxieux, quant à eux, perçoivent les événements stressants comme moins menaçants et ont une plus grande capacité de contrôle que les sujets ayant une anxiété-trait élevée.

Spielberger a différencié l'anxiété habituelle (anxiété-trait) et l'anxiété actuelle (anxiété-état). Alors que l'anxiété-trait est une prédisposition stable d'un individu à l'anxiété, l'anxiété-état est un état émotionnel passager qui peut survenir temporairement chez tout individu, accompagné de réactions émotionnelles inhabituelles, sous l'effet d'une situation particulière. L'anxiété-état correspond à un ensemble de cognitions et d'affects momentanés, face à une situation menaçante : sentiments d'appréhension, perception d'un danger imminent, etc. Plusieurs questionnaires permettent d'évaluer l'anxiété mais le plus utilisé est l'inventaire d'*anxiété trait-état* de Spielberger[1].

Questionnaire : Avez-vous une tendance à l'anxiété ?

Décrivez-vous à l'aide d'une note allant de 0 (pas du tout) à 8 (tout à fait). Mettez une croix [X] dans la case correspondante.

VOUS ÊTES UNE PERSONNE AYANT TENDANCE À :	0	1	2	3	4	5	6	7	8
Anticiper le pire									
Appréhender des évolutions catastrophiques									
Avoir des pensées effrayantes									
Avoir peur dans de nombreuses situations									
Envisager des scénarios dramatiques									
Être craintive									

* * *

1. Spielberger C.D., Gorsuch R., Lushene R., *The State-Trait Personality Inventory STAI-Y, Form Y*, Palo Alto (CA), Consulting Psychologists Press, 1983.

Être décrite comme stressée									
Être inquiète de l'avenir									
Être nerveuse									
Être d'une prudence exagérée									
Être préoccupée									
Être tendue									
Éviter l'inconnu									
Ne pas être casse-cou									
Ne pas être zen									
Éviter les projets périlleux									
Préférer les situations connues aux inconnues									
À qui on conseille de faire du yoga									
Se faire du souci pour un rien									
Transmettre sa propre nervosité à son entourage proche									
Calcul des scores : Indiquez le nombre de croix dans les trois colonnes	Faibles			Moyens			Élevés		

Dessinez votre profil : Dessinez votre profil anxieux en reliant les croix des vingt propositions.

Analysez votre profil.

Un profil *à droite* décrit des sujets anxieux qui sont timides, craintifs, nerveux, tendus, inquiets, qui ont tendance à éprouver de la peur.

Un profil *au centre* caractérise des sujets modérément anxieux.

Un profil *à gauche* décrit une personne peu anxieuse, détendue, calme, qui ne s'attarde pas sur les événements désagréables ou les échecs.

Attention, une décontraction excessive peut être mal interprétée, car, dans nos cultures occidentales, le sérieux est, à tort, associé à la tension. La contraction est souvent confondue avec la concentration. La contraction est pourtant néfaste à la performance (voir la courbe « Stress-Performance », p. 9).

Un profil *hétérogène* ou *dispersé* exige de calculer vos scores.

Calculez vos scores : Indiquez le nombre de croix dans la catégorie des scores faibles (inférieurs à 3) ; moyens (entre 3 et 5), élevés (supérieurs à 6). Le nombre maximum de croix est de 20.

Un lieu de contrôle externe

Le lieu de contrôle est « la croyance généralisée dans le fait que les événements ultérieurs (ou renforcements) dépendent soit de facteurs internes (actions, efforts, capacités personnelles), soit de facteurs externes (destin, chance, hasard, personnages tout-puissants)[1] ».

Ainsi, certains individus attribuent ce qui leur arrive au destin. On dit alors que leur lieu de contrôle[2] est « externe ». Ces personnes pensent que les événements ne dépendent pas d'elles, mais de facteurs externes (chance, destin, hasard, autrui). Pour ces individus externes, les efforts sont donc plus ou moins inutiles.

L'externalité est liée à une certaine vulnérabilité au stress. Le contrôle externe est associé à des problèmes de santé, à des stratégies d'ajustement passives, à des états affectifs négatifs, comme l'anxiété.

Dans le domaine professionnel, les sujets qui ont un profil externe (on dit « sujet externe ») confrontés à des conditions de travail stressantes rapportent plus d'insatisfaction, d'affects négatifs et d'épuisement professionnel que les sujets qui ont un profil interne (on dit « sujet interne »)[3]. Les sujets externes sont plus dépendants et ont tendance à renoncer.

---

1. Bruchon-Schweitzer, *op. cit.*, p. 230.
2. Le concept de « lieu de contrôle » fut développé par Rotter et a suscité un nombre considérable de recherches sur sa relation avec la réussite, la santé.
3. Bruchon-Schweitzer, *op. cit.*, p. 236.

Dans le domaine de la santé, un contrôle externe joue un rôle fragilisant. L'externalité peut rendre vulnérable.

Questionnaire : Avez-vous plutôt un profil externe ?

Choisissez pour chacune des propositions suivantes une note allant de 0 (pas du tout vrai) à 8 (totalement vrai). Entourez un seul chiffre par ligne.

1. Je dois ma réussite socioprofessionnelle principalement à la chance	0 1 2 3 4 5 6 7 8
2. Je me dis souvent : « C'est mon destin »	0 1 2 3 4 5 6 7 8
3. Quand j'échoue, je me dis que je n'ai pas eu de chance	0 1 2 3 4 5 6 7 8
4. Je pense que la vie c'est un jeu ; certains joueurs sont chanceux et d'autres, malchanceux	0 1 2 3 4 5 6 7 8
5. Dans la vie, il faut savoir saisir l'opportunité	0 1 2 3 4 5 6 7 8
6. Il y a un proverbe asiatique qui compare la chance à un cheveu qui passe et qu'il faut attraper. Pensez-vous ainsi ?	0 1 2 3 4 5 6 7 8
7. Tout est question de bonne étoile	0 1 2 3 4 5 6 7 8
8. Ceux qui réussissent doivent leur réussite plus à la chance qu'à leur ténacité	0 1 2 3 4 5 6 7 8
9. On ne peut pas aller contre son destin	0 1 2 3 4 5 6 7 8
10. Je pense que « ce qui arrive doit arriver »	0 1 2 3 4 5 6 7 8
11. Les rencontres ont fait ma carrière	0 1 2 3 4 5 6 7 8
12. Mon ascension sociale dépend surtout des autres	0 1 2 3 4 5 6 7 8
13. Ma situation professionnelle dépend complètement de rencontres aléatoires	0 1 2 3 4 5 6 7 8
14. Pour réussir, il faut donner satisfaction à ses responsables hiérarchiques	0 1 2 3 4 5 6 7 8

15. Ma réussite dépend principalement de gens influents	0	1	2	3	4	5	6	7	8
16. Pour gagner, il faut appartenir à un groupe de pression	0	1	2	3	4	5	6	7	8
17. Il faut savoir s'entourer des bonnes personnes	0	1	2	3	4	5	6	7	8
18. Aujourd'hui, tous ceux qui ont réussi sont membres de groupes, politiques, francs-maçons, syndicats	0	1	2	3	4	5	6	7	8
19. Mes projets aboutissent s'ils conviennent à ma hiérarchie	0	1	2	3	4	5	6	7	8
20. La réussite sociale n'est qu'une question de réseau	0	1	2	3	4	5	6	7	8
Calculez vos scores : Indiquez le nombre de croix dans les trois groupes	Faibles			Moyens			Élevés		

Dessinez votre profil : Rejoignez d'un trait les chiffres que vous avez entourés.

Profil externe : Plus le profil est à droite, plus l'externalité est manifeste. Les individus qui privilégient le contrôle externe attribuent à autrui leur réussite et leur performance contrairement aux internes, qui s'attribuent leur réussite socioprofessionnelle.

L'externalité se décline en *externalité chance* (items de 1 à 10) et en *externalité autrui* (items de 11 à 20). Rejoignez vos dix premières croix d'un trait de couleur noire et les dix dernières croix d'un trait de couleur bleue. Observez-vous une différence entre ces deux types d'externalité ? Êtes-vous externe dans les deux types d'externalité ?

Avant de conclure que vous êtes un pur externe, comparez votre profil de contrôle externe avec votre profil de contrôle interne (voir p. 70).

Un profil hétérogène ou moyen exige de calculer vos scores.

Calculez vos scores : Indiquez le nombre de croix dans les trois degrés d'externalité (faibles, moyens, élevés). Le nombre total de croix est de 20, le questionnaire étant composé de vingt items.

L'affectivité négative

L'affectivité négative est une prédisposition aux émotions négatives telles que la peur, la colère, la honte, la tristesse, l'agressivité, le pessimisme, etc. Une idée reçue conçoit l'affectivité négative comme le pôle opposé de l'affectivité positive alors qu'en réalité la plupart d'entre nous combinons affectivité positive et affectivité négative. Certains sujets cumulent une affectivité positive élevée et une affectivité négative faible ou, au contraire, une affectivité négative élevée et une affectivité positive faible.

L'affectivité négative est facteur de vulnérabilité émotionnelle et prédispose à la détresse psychologique[1]. Elle amplifie le lien entre les stresseurs professionnels et certaines pathologies telles que les troubles anxieux ou les états dépressifs.

> Des sujets volontaires ont été soumis à une expérience consistant à les confronter à un rhinovirus. Leur degré d'affectivité négative était mesuré avant l'expérimentation. On a enregistré leurs symptômes subjectifs (les plaintes exprimées) et leurs symptômes objectifs (présence de mucus après l'exposition au virus). Une relation significative existe entre l'affectivité négative et les symptômes subjectifs et objectifs[2]. Plus le score d'affectivité négative était élevé, plus les plaintes étaient fréquentes et les symptômes manifestes.

L'impact néfaste sur la santé de l'affectivité négative s'explique par le fait qu'un état émotionnel négatif est associé à des réponses particulières du système immunitaire ou immunodépression qui augmentent le risque de développer certaines infections.

---

1. Bruchon-Schweitzer, *op. cit.*, p. 264.
2. Cohen S. et coll., « State and Trait Negative Affect as Predictors of Objective and Subjective Symptoms of Respiratory Viral Infections », *Journal of Personality and Social Psychology*, 68, 1995, p. 159-169.

Questionnaire : Quel est votre degré d'émotions négatives ?

Notez chacune des émotions à l'aide d'une note comprise entre 0 (pas du tout) et 8 (tout à fait). Mettez une croix [X] dans la case correspondante.

JE SUIS UNE PERSONNE :	0	1	2	3	4	5	6	7	8
Abattue									
Boudeuse									
Cafardeuse									
Coléreuse									
D'humeur changeante									
Instable									
Pessimiste									
Soupe au lait									
Suicidaire									
Triste									
Calculez vos scores Indiquez le nombre de croix dans les 3 groupes	Faibles			Moyens			Élevés		

Dessinez votre profil : Rejoignez d'un trait les croix que vous avez tracées.

Un *profil à droite* indique une tendance à l'affectivité négative, c'est-à-dire une tendance à éprouver de la culpabilité, de la tristesse, du découragement, de l'abattement, etc.

Un *profil à gauche* indique une faible tendance aux émotions négatives.

Un *profil hétérogène* exige de calculer les scores faibles, moyens et élevés.

Calculez vos scores : Indiquez le nombre de réponses faibles (scores inférieurs à 3) ; moyennes (score compris entre 3 et 5) ; élevées (scores supérieurs à 6). Le total des trois types de réponses ne peut dépasser 10.

Si votre profil et vos scores montrent une tendance à l'affectivité négative, il faut confronter votre profil d'émotions négatives à votre profil d'émotions positives (p. 73).

L'interprétation pessimiste des événements

Chaque événement passé donne lieu à une interprétation personnelle *a posteriori*. On appelle « attribution causale » cette évaluation cognitive. L'attribution causale est donc un « processus cognitif qui consiste à rechercher des causes pour expliquer la survenue des événements[1] ».

L'interprétation pessimiste des événements passés joue un rôle sur l'état de santé ultérieur. Le pessimisme fragilise les individus tandis que l'optimisme a un rôle protecteur.

Un échantillon composé d'une centaine d'étudiants a été suivi pendant trente-cinq ans. Leur santé a été évaluée tous les cinq ans à l'aide de critères objectifs et subjectifs. Leur attribution causale optimiste ou pessimiste était identifiée. Le résultat de l'étude a montré qu'il existe, à partir de 45 ans, une relation entre un style explicatif pessimiste et l'apparition de problèmes de santé[2].

De façon générale, les individus interprètent leurs performances selon trois dimensions :

* *interne-externe* : la réussite peut être interprétée comme résultant d'efforts personnels (attribution interne) ou comme résultant d'une tâche facile (attribution externe) ;

* *stable-instable* : la réussite peut être expliquée par l'expérience et la compétence du professionnel (stable) ou par des facteurs temporaires comme la conjoncture économique favorable (instable) ;

---

1. Bruchon-Schweitzer, *op. cit.*
2. Peterson C., Seligman M.E.P., Vaillant G.E., « Pessimistic Explanatory Style is a Risk Factor for Physical Illness. A Thirty-Five Year Longitudinal Study », *Journal of Personality and Social Psychology*, 55, 1988, p. 23-27.

- *globale-spécifique* : les causes d'une réussite peuvent être globales (aptitude globale) ou spécifiques (aptitude dans un domaine).

Les déprimés[1] interprètent leurs échecs d'après les facteurs *internes*, *stables* et *globales*. Ils s'attribuent la responsabilité de leur échec et diront, par exemple : « J'ai vraiment été mauvais » ; ils personnalisent (« tout est de ma faute », en généralisant ainsi : « J'ai toujours échoué à mes oraux »). Ce faisant, ils augmentent leurs sentiments d'incompétence, d'autodévalorisation et diminuent leur estime de soi.

A contrario, les déprimés jugent leurs réussites d'après les facteurs *externe*, *instable*, *spécifique*. Ils minimisent leurs responsabilités et leur rôle dans les réussites. Un sujet déprimé dira : « C'était vraiment facile, le jury a été peu regardant » ; il relativise la performance : « Aujourd'hui, les conditions m'étaient favorables » ; il contextualise la réussite : « Nos adversaires étaient affaiblis. »

Les individus déprimés développent des comportements résignés qui sont le résultat d'une impuissance apprise.

La résignation ou l'impuissance apprise

Des animaux recevant des chocs électriques deviennent résignés et présentent des réactions de détresse et d'apathie, qui caractérisent l'impuissance apprise. Celle-ci se définit alors comme un « comportement acquis suite à des expériences d'échec répétées, comportement se traduisant par l'abandon de tout effort pour modifier la situation[2] ».

Ces mêmes réactions existent aussi chez les êtres humains. La survenue d'événements stressants apparaissant indépendamment du comportement du sujet amènera celui-ci à croire qu'il n'a aucune prise sur ce qui lui arrive. Peu à peu, il perd le désir de faire quoi que

---

1. Blackburn I.M., Cottraux J., *Thérapie cognitive de la dépression*, Paris, Masson. 1997.
2. Seligman M.E.P., *Helplessness : On Depression. Development and Death*, San Francisco, W.H.Freeman and Co, 1975.

ce soit, puisque, de toute façon, cela ne sert à rien. Il en résulte un sentiment d'impuissance et de résignation, puis de dépression. La personne développe la conviction de ne pas contrôler les événements.

Toutefois, tous les individus ne développent pas forcément de l'impuissance apprise ni une dépression lorsqu'ils sont confrontés à des expériences négatives qu'ils ne peuvent pas contrôler.

Questionnaire : À quoi attribuez-vous vos échecs ?

Donnez, pour chaque question, trois réponses (soit une réponse par colonne) en entourant trois lettres (A ou B ; C ou D ; E ou F). Dans la colonne de gauche, entourez A ou B, dans celle du milieu, entourez C ou D, dans celle de droite, entourez E ou F.

Entourez A ou B	Entourez C ou D	Entourez E = OUI – F = NON
1. Ne pas obtenir de promotion s'explique par : A. votre manque de pugnacité B. une conjoncture économique défavorable	La cause A ou B est : C : ancienne D : ponctuelle	Cet échec influence votre vie extra-professionnelle E = oui – F = non
2. Ne pas avoir obtenu une augmentation de salaire s'explique selon vous, par : A. un manque de compétence B. des difficultés financières dans le secteur d'activités	La cause A ou B est : C : ancienne D : ponctuelle	Cet échec influence votre vie extra-professionnelle E = oui – F = non
3. Ne pas avoir mené une réunion de manière satisfaisante s'explique par : A. votre manque d'assurance B. des difficultés relationnelles entre certains collaborateurs	La cause A ou B est : C : ancienne D : ponctuelle	Cet échec influence votre vie extra-professionnelle E = oui – F = non

• • •

• • •			
4. Ne pas avoir gagné la négocia-tion s'explique par : A. votre manque de conviction B. un contexte défavorable	La cause A ou B est : C : ancienne D : ponctuelle	Cet échec influence votre vie extra-professionnelle E = oui – F = non	
5. Votre dernier échec dans votre travail s'explique par : A. votre démotivation B. un mauvais climat général	La cause A ou B est : C : ancienne D : ponctuelle	Cet échec influence votre vie extra-professionnelle E = oui – F = non	
Indiquez le nombre de réponses :	A = ... B = ...	C = ... D = ...	E = ... F = ...
Attribution : entourez l'attribu-tion dominante	A = interne B = externe	C = stable D = instable	E = globale F = spécifique

Calculez vos scores : Totalisez le nombre de réponses A-B-C-D-E-F aux cinq questions. Inscrivez vos totaux pour chaque lettre.

Entourez l'attribution dominante : interne ou externe ; stable ou insta-ble ; globale ou spécifique.

Analysez vos scores : Des événements négatifs interprétés de manière interne, stable et globale sont des interprétations caractéristiques des sujets pessimistes.

Des événements négatifs interprétés de manière externes, instables et spécifiques sont des interprétations caractéristiques des sujets optimistes.

Demandez-vous si vos échecs dépendent de facteurs externes, ponc-tuels, contextuels, instables ou, au contraire, de facteurs internes et sta-bles.

Si vos interprétations sont pessimistes, peut-être pouvez-vous apprendre à moins personnaliser, moins intérioriser, moins généraliser vos échecs et essayer de vous attribuer davantage la cause de vos réussites.

L'instabilité émotionnelle

L'instabilité émotionnelle joue un rôle dans la survenue du stress. Elle désigne une prédisposition à la détresse psychologique et un état

62

chronique d'irritabilité, une prédisposition à percevoir et à ressentir la réalité comme menaçante, problématique et pénible. C'est un facteur qui fragilise la personne et la rend plus vulnérable, moins « armée » face aux événements négatifs de la vie professionnelle, quel que soit leur degré de gravité.

Questionnaire : Êtes-vous émotionnellement stable ou instable ?

Évaluez chacune des vingt propositions à l'aide d'une note comprise entre 0 (pas du tout) et 8 (tout à fait). Mettez une croix [X] dans la case correspondante.

VOUS ÊTES UNE PERSONNE AYANT TENDANCE À :	0	1	2	3	4	5	6	7	8
1. Être irritée par des contrariétés minimes									
2. Avoir des sautes d'humeur									
3. S'énerver facilement									
4. Monter sur ses grands chevaux facilement									
5. Crier contre ses collaborateurs									
6. Exprimer sa colère									
7. Être furieuse pour un rien									
8. Éprouver du ressentiment									
9. Être susceptible									
10. Être souvent en conflit avec ses collaborateurs									
VOUS ÊTES UNE PERSONNE AYANT TENDANCE À :	0	1	2	3	4	5	6	7	8
11. Ne pas résister à ses envies									
12. Satisfaire ses désirs									
13. Consommer avec excès alcool, cigarettes, etc.									

• • •

14. Vouloir tout, tout de suite										
15. Ne pas résister à la tentation										
16. Ne pas se contrôler										
17. Travailler de manière boulimique										
18. Être impulsive										
19. Ne pas pouvoir retarder un désir										
20. Consommer sans modération ce qu'elle aime										

Dessinez vos profils : Rejoignez à l'aide d'un trait rouge les croix des dix premiers traits de personnalité et à l'aide d'un trait bleu les croix des dix derniers traits de personnalité.

Analysez vos profils

Profil colérique : les dix premiers items (1 à 10) évaluent la tendance à ressentir de la colère.

Un profil *à droite* décrit une personne qui se met facilement en colère, qui se montre hostile dans les relations humaines.

Un profil *à gauche* décrit une personne capable de rester calme.

Profil impulsif : les dix derniers items (11 à 20) évaluent l'impulsivité, c'est-à-dire l'incapacité à maîtriser ses désirs et ses besoins qui s'expriment sous forme d'envies impérieuses de boissons, de cigarettes, etc.

Un profil *à droite* décrit une personne incapable de résister à ses tentations et qui ne tolère pas la frustration.

Un profil *à gauche* décrit une personne capable de résister à ses tentations et qui tolère la frustration.

L'impulsivité et la colère sont des caractéristiques de l'instabilité émotionnelle que les psychologues nomment « névrosisme », c'est-à-dire une tendance générale à éprouver des affects négatifs : anxiété, peur, tristesse, colère, gêne, culpabilité, dégoût.

Les sujets ayant un profil plutôt à gauche (donc peu enclins au névrosisme) ont une plus grande stabilité émotionnelle : ils sont d'humeur stable, égale, ils sont capables de faire face aux situations stressantes sans être ébranlés ou très inquiets.

Attention, le névrosisme ne doit pas être confondu avec la névrose ou la pathologie mentale : une personnalité antisociale n'a pas forcément un score élevé en névrosisme.

À *noter* : un diagnostic de personnalité repose sur l'utilisation de tests de personnalité ou de questionnaires validés statistiquement et analysés avec finesse et empathie par des psychologues experts.

Le type A ou le parfait stressé

Les personnalités dites « de type A » présentent les caractéristiques suivantes : un grand sens de la compétition, un fort désir de réussite, de l'agressivité et une grande impatience. Elles ont été décrites par deux cardiologues américains, Friedman et Rosenman, qui ont suivi, pendant plus de huit ans, environ trois mille sujets masculins, âgés de 39 ans à 59 ans. Le comportement de type A désigne « un ensemble émotion-réaction, observé chez un individu engagé de manière agressive dans une lutte chronique, incessante, pour réaliser de plus en plus de choses en même temps, et cela, si nécessaire, en s'opposant aux autres et à l'environnement[1] ».

La composante hostile du type A prédispose ses sujets à deux fois plus de risques de maladies coronariennes et à plus de mortalité par maladies cardio-vasculaires que les sujets de type B. L'impatience et l'implication prédisent en effet l'épuisement professionnel ou *burnout*. Le type B se caractérise, quant à lui, par peu de précipitation dans l'action, un faible sentiment d'urgence, peu de sentiments d'hostilité.

> Des chercheurs ont suivi pendant cinq ans plus de deux mille hommes, âgés de 40 ans à 59 ans, fonctionnaires et ouvriers belges et français habitant Paris et Marseille qui ne souffraient pas de pathologie coronarienne.

---

1. Friedman M., Rosenman R.H., *Type A Behavior and Your Heart*, New York, Knopf, 1974.

Les sujets ont complété le questionnaire de Bortner[1] diagnostiquant les traits de type A. Les résultats montrent que le score initial au questionnaire est lié statistiquement à la prévalence d'une pathologie coronarienne aiguë.

Certaines recherches mettent l'accent sur le risque de dépressions chez les individus de type A. Les explications de ce lien de causalité entre type A et dépressions sont multiples. Les individus de type A, compétitifs, agressifs, motivés par des ambitions sociales élevées, ont plus de probabilité de se retrouver dans un environnement professionnel stressant.

Questionnaire : Avez-vous un profil de type A ?

Chaque phrase décrit une attitude professionnelle. Évaluez de 0 (jamais) à 8 (toujours) chacune des quinze attitudes. Mettez une croix [X] dans la case correspondante.

ÉVALUEZ CHAQUE ATTITUDE À L'AIDE D'UNE NOTE :	0	1	2	3	4	5	6	7	8
Je suis souvent en retard aux rendez-vous									
Je ne suis pas patient									
Je cours après le temps									
J'ai quinze idées à l'heure									
Je fais plusieurs choses en même temps									
J'ai un esprit de compétition									
Je cherche avant tout à être reconnu									
Je veux gagner tout ce que j'entreprends									
Je suis ambitieux									

• • •

---

1. Bortner R.W., « A Short Rating Scale as a Potential Measure of Pattern A Behaviour », *Journal of Chronic Diseases*, 1969, 22, p. 87-91.

• • •

	Faibles			Moyens			Élevés		
Je cherche à monter dans l'échelle sociale									
J'exerce beaucoup de pression auprès de mes collaborateurs									
J'impose des délais stricts et courts à mes collaborateurs									
Je peux malmener mes collègues									
J'impose à mes collaborateurs qu'ils privilégient leur travail au détriment de leur vie privée									
J'exige que mes collaborateurs s'impliquent à fond dans le travail									
Calculez vos scores : Indiquez le nombre de croix dans les trois groupes	Faibles			Moyens			Élevés		

Dessinez votre profil : Reliez entre elles les croix tracées pour les quinze propositions.

Un profil *à droite* décrit un comportement de type A.

Un profil *à gauche* illustre un comportement de type B.

Un profil *au centre* décrit des individus au type mixte (A et B).

Si le profil est *hétérogène*, dispersé ou moyen, il est nécessaire de calculer vos scores.

Calculez vos scores : Indiquez le nombre de croix inscrites dans la colonne « Faibles », dans la colonne « Moyens » et dans la colonne « Élevés ». Le nombre de réponses ne peut dépasser 15.

Le type A se caractérise par trois types de comportements différents :

– une *lutte permanente contre le temps* : impatience dans l'attente, rapidité dans l'action, plusieurs activités simultanées (items de 1 à 5) ;

– une *lutte contre les autres* : compétitivité importante, ambition sociale élevée (items de 6 à 10) ;

– des *états émotionnels hostiles fréquents en situation sociale* : colère, agressivité exprimée ou contenue (items de 11 à 15).

Certains psychologues ont abandonné cette dichotomie entre type A et type B. Il existe en effet trop de variables comportementales d'un sujet à un autre. Ainsi, un individu peut avoir des comportements de type A très marqués dans son rapport au temps et ne pas être hostile dans ses relations professionnelles.

Questionnaire : Votre collaborateur est-il de type A ?

Pensez à un collaborateur en particulier. Indiquez si vous observez chez ce collègue le comportement décrit dans le questionnaire en attribuant une note allant de 0 (pas du tout) à 8 (totalement). Mettez une croix [X] dans la case correspondante.

MON COLLABORATEUR EST UNE PERSONNE QUI :	0	1	2	3	4	5	6	7	8
1. Est intraitable sur la ponctualité									
2. Est toujours pressé									
3. N'est pas du genre à perdre son temps à rêvasser									
4. Fait plusieurs choses en même temps									
5. A un visage tendu et les mâchoires crispées									
6. A un débit très rapide de paroles									
7. Soulève les sourcils et grimace quand il parle									
8. Soupire pendant les conversations									
9. Serre les poings pendant les réunions dans les conversations banales									
10. A une posture contractée, des mouvements rapides									
11. S'énerve facilement									

• • •

68

12. Se méfie d'autrui									
13. Attise la compétition entre ses partenaires									
14. Fait les choses vite									
15. À qui on demande d'aller moins vite									
16. A des propos agressifs									
17. Intimide ses interlocuteurs									
18. Peut avoir un ton agressif									
19. Oublie souvent de dire bonjour le matin									
20. A un comportement agité									

Dessinez le profil de votre collaborateur : Rejoignez d'un trait bleu les croix tracées aux items de 1 à 10 et rejoignez d'un trait rouge les croix tracées aux items de 11 à 20.

Analysez le profil : Les dix premiers items évaluent les manifestations d'impatience tandis que les dix derniers items mesurent les manifestations d'hostilité.

Calculez ses scores : additionnez les scores dans le groupe composé des dix premiers items puis le groupe suivant composé des dix derniers items.

ITEMS	SCORES	MANIFESTATIONS
De 1 à 10	....	d'impatience [minimum = 0 – maximum = 80]
De 11 à 20	....	d'hostilité [minimum = 0 - maximum = 80]

Demandez-vous si le comportement de votre collègue vous convient, car il vous stimule ou, à l'inverse, vous énerve en vous stressant inutilement.

Une meilleure résistance au stress

Certaines caractéristiques personnelles protègent l'individu contre les facteurs stressants. Nous exposons ici quelques-uns de ces traits de personnalité bénéfiques.

L'autoefficacité

L'autoefficacité est la croyance des individus en leur capacité à mobiliser les ressources nécessaires pour maîtriser certaines situations et en leur aptitude à accomplir les actions leur permettant d'atteindre leurs objectifs. L'autoefficacité se décline selon deux dimensions :

- l'*attente d'efficacité*, c'est-à-dire croire que l'on possède les ressources pour faire face ; elle est proche de l'estime de soi ;
- l'*attente de résultat*, c'est-à-dire croire que l'on va maîtriser une situation et atteindre ses objectifs.

Les personnes dépressives cumulent une faible attente d'efficacité (sous-estimation de leur capacité, faible estime de soi) et une faible attente de résultats. Par exemple, les employés ayant une autoefficacité perçue faible (faible confiance en leur compétence) utiliseront, face à une situation professionnelle difficile, des stratégies d'ajustement inefficaces, centrées sur l'émotion.

L'autoefficacité est capable d'atténuer ou d'amplifier l'impact des événements stressants sur le bien-être et la santé. Un sentiment élevé d'autoefficacité a un effet modérateur significatif.

Le contrôle interne

Certains individus attribuent ce qui leur arrive à eux-mêmes (à la différence des sujets externes qui ont le sentiment d'être tributaires des événements et de ne pas pouvoir en modifier le cours). Leur lieu de contrôle est interne (pour une définition de « lieu de contrôle », voir p. 54).

Le contrôle interne a des effets bénéfiques sur la santé physique et le bien-être émotionnel. Il est associé à la satisfaction professionnelle, à un fort sentiment d'accomplissement et à une affectivité positive (estime de soi élevée, faible anxiété, faible dépression, faible hostilité).

Les sujets de type interne sont moins sensibles au stress que les individus qui ont un lieu de contrôle externe parce qu'ils ont développé un système de croyance en leurs ressources et en leurs capacités à contrôler les événements. Ils sont en général plus persévérants, plus confiants, plus indépendants et résistent mieux à l'échec.

Questionnaire : Avez-vous un profil interne ?

Choisissez pour chacune des propositions suivantes une note allant de 0 (pas du tout vrai) à 8 (totalement vrai). Mettez une croix [X] dans la case correspondante.

	0	1	2	3	4	5	6	7	8
Je préfère défendre moi-même mes intérêts									
J'accepte de mener un projet au travail quand je suis sûr de réussir									
Ma devise est qu'on n'est jamais mieux servi que par soi-même									
Quand je mène un projet, je suis sûr d'atteindre l'objectif									
Tout ce que j'ai, je l'ai obtenu par mon travail									
En général, je sais ce qui va m'arriver dans le futur									
Le hasard n'y est pour rien dans ma carrière									
Je me suis fait tout seul									
Ce que j'obtiens est le résultat de mes efforts personnels									

● ● ●

Je compte sur mes compétences pour réussir				
Calculez vos scores : Inscrivez le nombre de croix dans les trois groupes	Faibles	Moyens	Élevés ....

Dessinez votre profil : Rejoignez d'un trait les croix que vous avez tracées.

Plus le profil est *à droite*, plus le lieu de contrôle est interne.

Plus le profil est *à gauche*, plus le lieu de contrôle est peu interne.

Un profil *hétérogène* exige de calculer des scores dans les trois groupes de contrôle interne.

Calculez vos scores : Indiquez le nombre de croix dans la catégorie des scores faibles (inférieurs à 3), moyens (entre 3 et 5), élevés (supérieurs à 6). Le nombre total de croix est de 10.

Le contrôle interne est lié à la *réussite* scolaire ou professionnelle, au *sexe* (les hommes sont plus internes que les femmes), à l'*âge* (les individus deviennent plus internes avec l'âge), au niveau de *diplôme* (l'internalité augmente avec la formation universitaire), à l'*anxiété* (les sujets anxieux sont moins internes) et à la *dépression* (les dépressifs sont moins internes et plus externes[1]).

Attention, les deux catégories (externe et interne) ne sont pas totalement opposées, car nombreux sont les individus qui naviguent entre ces deux extrêmes. En effet, selon le contexte et le moment, une personne peut tantôt exploiter son profil externe, tantôt son profil interne.

L'affectivité positive

L'affectivité positive est la « tendance à s'engager dans de nombreuses situations avec enthousiasme, énergie, intérêt, plaisir, attention et à éprouver des états cognitifs et émotionnels

---

1. Bruchon-Schweitzer, *op. cit.*, p. 317.

agréables[1] ». Les individus ayant des scores élevés d'affectivité positive sont enthousiastes, énergiques, curieux. Ils affrontent activement les événements et croient avoir les ressources nécessaires pour résoudre les difficultés. Les personnes affectivement positives recourent plus souvent aux stratégies d'ajustement au stress centrées sur la résolution de problèmes : elles analysent la situation au lieu de la fuir et tentent une action susceptible de résoudre le problème. L'affectivité positive est associée au bien-être émotionnel et à la vitalité. À l'inverse, les états dépressifs se caractérisent par une diminution des affects positifs.

Questionnaire : Votre degré d'émotions positives

Indiquez si chacun des traits de personnalité ci-dessous vous décrit totalement (8) ou pas du tout (0). Mettez une croix [X] dans la case vous correspondant.

JE SUIS PLUTÔT UNE PERSONNE :	0	1	2	3	4	5	6	7	8
Bonne vivante									
De bonne humeur									
Gai luron									
Pleine d'humour									
Heureuse									
Joyeuse									
Optimiste									
Respirant le bonheur									
Rieuse									

• • •

---

1. Watson D. et Tellegen A., « Toward a Consensual Structure of Mood », *Psychological Bulletin*, 98, 1985, p. 219-235, in Bruchon-Schweitzer, *op. cit.*

Souriante					
Calculez vos scores : Indiquez le nombre de croix dans les trois groupes	Faibles		Moyens		Élevés ....

Dessinez votre profil : Rejoignez d'un trait les croix tracées.

Analysez votre profil : Vos scores évaluent une tendance à ressentir des émotions positives : joie, bonheur, amour, exaltation, etc.

Plus le profil est *à droite*, plus l'affectivité est positive.

Plus le profil est *à gauche*, plus l'affectivité est négative.

Si le profil est *médian ou hétérogène*, il est nécessaire de calculer vos scores.

Calculez vos scores : Indiquez le nombre de croix dans la catégorie des scores faibles, moyens, élevés. Le nombre de croix est de 10.

L'affectivité positive et l'affectivité négative jouent un rôle fondamental lors de l'ensemble des étapes qui permettent de faire face aux situations stressantes.

L'interprétation optimiste des événements passés

Chaque événement donne lieu à une interprétation personnelle de la situation stressante (*cf.* p. 10).

Les optimistes ont tendance à interpréter les événements positifs comme le résultat d'efforts personnels (internalité), de compétences et d'expériences (stabilité). Les événements négatifs sont interprétés comme externes, instables et spécifiques.

Les optimistes s'attribuent la responsabilité des réussites ce qui augmente le sentiment de compétence et l'estime de soi.

Questionnaire : À quoi attribuez-vous vos réussites ?

Donnez, pour chaque question, trois réponses en entourant trois lettres (A ou B ; C ou D ; E ou F).

Dans la colonne de gauche, entourez A ou B, celle du milieu entourez C ou D, celle de gauche, entourez E ou F.

Entourez A ou B		Entourez C ou D	Entourez E : oui ou F : non
1. Obtenir une promotion s'explique par : A. votre compétence et votre professionnalisme B. une prospérité économique favorable		La cause A ou B est C : permanente D : actuelle	Cette promotion influence ma vie extra-professionnelle E : oui – F : non
2. Obtenir une augmentation de salaire s'explique par : A. votre productivité B. des bénéfices dans le secteur professionnel		La cause A ou B est C : permanente D : actuelle	Cette augmentation influence ma vie extra-professionnelle E : oui – F : non
3. Mener une réunion de manière satisfaisante s'explique par : A. votre compétence et votre aisance B. la bienveillance de vos collaborateurs		La cause A ou B est C : permanente D : actuelle	Cette réussite influence ma vie extra-professionnelle E : oui – F : non
4. Gagner une négociation ou une transaction s'explique par : A. votre capacité de conviction B. un contexte favorable		La cause A ou B est C : permanente D : actuelle	Cette réussite influence ma vie extra-professionnelle E : oui – F : non
5. Votre dernière réussite professionnelle s'explique par : A. votre enthousiasme B. un climat compétitif stimulant		La cause A ou B est C : permanente D : actuelle	Cette réussite influence ma vie extra-professionnelle E : oui – F : non
Indiquez le nombre de réponses	A = ... B = ...	C = ... D = ...	E = ... F = ...
Attribution : entourez l'attribution dominante	A = interne B = externe	C = stable D = instable	E = globale F = spécifique

Calculez vos scores : Totalisez le nombre de réponses A-B-C-D-E-F aux cinq situations.

Indiquez vos scores pour chaque lettre. Entourez votre causalité dominante : interne ou externe ; stable ou instable ; globale ou spécifique.

Analysez vos scores : Des événements positifs interprétés de manière externe, instable et spécifique sont des interprétations caractéristiques des sujets pessimistes et déprimés. Des événements positifs interprétés de manière interne, stable et globale sont des interprétations caractéristiques des sujets optimistes.

L'interprétation optimiste des réussites doit être confrontée à votre profil d'interprétation négative des échecs (p. 61-62).

Reportez dans le tableau ci-dessous vos scores d'attribution pour les échecs et pour les réussites.

	A	B	C	D	E	F
Échec						
Réussite						
	Interne	Externe	Stable	Instable	Globale	Spécifique

Analysez vos profils à la lumière des attributions spécifiques des sujets déprimés (p. 59). Toutefois, pas de conclusion hâtive, car l'attribution doit être évaluée à l'aide de questionnaires comportant davantage de situations.

La résilience

La résilience est la capacité des individus placés dans des circonstances défavorables à s'en sortir et à mener, malgré tout, une existence satisfaisante. Boris Cyrulnik a popularisé la notion de résilience en France en publiant son ouvrage au titre paradoxal *Un merveilleux malheur*[1]. L'homme peut donner un sens à sa souffrance, en retirer quelque chose de positif même dans les situations les plus dramatiques. La résilience a été initiée par le courant de psychologie humaniste dont l'auteur le plus représentatif est Carl Rogers[2]. Son

---

1. Cyrulnik B., *Un merveilleux malheur*, Paris, Odile Jacob, 1999, p. 43-44.
2. Rogers C., *Le Développement de la personne*, Paris, Dunod, 1966.

fondement repose sur l'idée que l'homme est intrinsèquement actif, combatif, et possède une capacité sans limite de croissance et de développement positif.

Un homme sain est donc un homme conscient de sa liberté, de ses possibilités, de ses responsabilités, apte à faire des choix, à réaliser des choses, et donc à se transcender. Il peut dépasser sa souffrance s'il lui donne un sens. La résilience doit être conçue en rapport avec de nombreux facteurs psychologiques et environnementaux. Elle naît en effet d'une interaction entre l'individu et son environnement.

> Georges Charpak, après une déportation à Dachau, réussit le concours des Mines et devient prix Nobel de physique en 1990. Or les Charpak, immigrants juifs venus d'Ukraine, vivaient à quatre dans une chambre de bonne. La famille est pauvre mais sécurisante et dynamisante : elle vit dans la conviction, qu'un jour, à force de travail, des conditions meilleures viendront. Les enfants héroïseront le courage de leurs parents.

Selon B. Cyrulnick, la résilience se tricote. Elle n'est pas à chercher à l'intérieur d'une personne, ni dans son entourage, mais dans les deux. En effet, la santé émotionnelle et physique des sujets dépend de leurs ressources individuelles mais aussi de leurs ressources sociales qui interagissent mutuellement. Les victimes parviennent à survivre psychologiquement grâce à la rencontre d'un « tuteur de résilience ». Ainsi, dans le harcèlement moral au travail, le soutien des collègues représente une aide essentielle. Malheureusement le silence de l'entourage accroît bien souvent la détresse psychologique et la souffrance de ceux qui sont harcelés.

Testez vos connaissances

Répondez par Vrai ou Faux aux affirmations suivantes en mettant une croix [X] dans la case correspondante.

	Vrai	Faux
1. Le stress fait partie du jeu		
2. Une anxiété très élevée réduit la performance		...

	VRAI	FAUX
3. Être victime de stress est une preuve de faiblesse		
4. La réaction de stress est variable d'une personne à une autre		
5. Le stress est toujours positif		
6. Pour réussir, il faut être stressé		
7. Le management par le stress est le plus efficace		
8. Des personnes sont plus résilientes que d'autres		
9. Aujourd'hui, avec le rythme de vie actuel, on ne peut pas travailler sans souffrir de stress		
10. Si on n'est pas stressé au travail, on devient inefficace		
11. La réaction de stress dépend uniquement des stresseurs professionnels		
12. Certains milieux professionnels sont plus stressants que d'autres		
13. Une promotion peut être un facteur de stress		
14. Certains individus sont résistants au stress		
15. Un peu de stress facilite la réussite mais trop de stress favorise l'échec		
16. Les émotions positives modèrent les réactions de stress		
17. L'instabilité émotionnelle est propice au stress		
18. L'endurance est un bon protecteur du stress		
19. L'interprétation positive d'une situation stressante modère les effets négatifs de stress		
20. La conception moderne du stress est physique		

Réponses : 1 : Faux - 2 : Vrai - 3 : Faux - 4 : Vrai - 5 : Faux - 6 : Faux - 7 : Faux - 8 : Vrai - 9 : Faux - 10 : Faux - 11 : Faux - 12 : Vrai - 13 : Vrai - 14 : Vrai - 15 : Vrai - 16 : Vrai - 17 : Vrai - 18 : Vrai - 19 : Vrai - 20 : Faux.

Ces réponses sont à nuancer, car une seule caractéristique individuelle ne peut expliquer les réactions de stress.

PARTIE 2

OÙ MÈNE LE STRESS ?

Le stress lié au travail est « le deuxième problème de santé le plus courant dans l'Union européenne, après les maux de dos ; il touche un travailleur sur trois. Le stress au travail concerne tous les secteurs et toutes les organisations, quelle que soit leur importance ; il peut affecter n'importe qui, quel que soit son échelon[1] ».

Le stress affecte la santé physique, la santé mentale, le bien-être des salariés ainsi que la productivité, l'ambiance et la qualité du travail, etc. Ses effets sont directs et indirects, physiologiques et psychologiques, économiques et sociaux, individuels et collectifs.

Le stress au travail produit des réactions à court terme, des conséquences à long terme, pour les travailleurs, les employeurs et les entreprises (voir figure 4). Ces effets apparaissent chez des salariés exposés à des sollicitations professionnelles physiques (soulever des charges lourdes pour les transporteurs ou des personnes pour les personnels soignants), quantitatives (charge de travail des cadres),

---

1. Agence européenne pour la sécurité et la santé au travail. 2002. Prévention des risques psychosociaux et du stress au travail en pratique. Travailler sans stress !

émotionnelles (exigences des clients ou des patients), intellectuelles (attention soutenue chez les contrôleurs aériens). Les réactions peuvent être comportementales (maladresses, nervosité), intellectuelles (difficultés de concentration), émotionnelles (désintérêt, irritabilité) ou physiologiques (palpitations, nervosité).

Si les réactions de stress persistent sur une longue période, certains individus développeront des symptômes plus ou moins réversibles, tels qu'un épuisement professionnel ou burnout, *un état de stress posttraumatique, des problèmes musculaires ou des maladies cardiovasculaires. Les conséquences du stress au travail sont ruineuses pour la société, les salariés et les employeurs.*

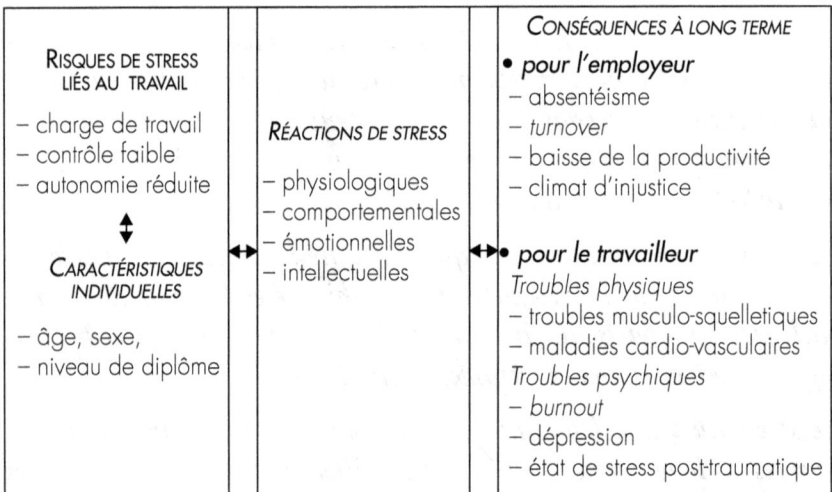

RISQUES DE STRESS LIÉS AU TRAVAIL	RÉACTIONS DE STRESS	CONSÉQUENCES À LONG TERME
– charge de travail – contrôle faible – autonomie réduite ↕ CARACTÉRISTIQUES INDIVIDUELLES – âge, sexe, – niveau de diplôme	– physiologiques – comportementales – émotionnelles – intellectuelles	• *pour l'employeur* – absentéisme – *turnover* – baisse de la productivité – climat d'injustice • *pour le travailleur* *Troubles physiques* – troubles musculo-squelletiques – maladies cardio-vasculaires *Troubles psychiques* – *burnout* – dépression – état de stress post-traumatique

Figure 4 — Processus du stress lié au travail

Chapitre 4

Les conséquences du stress

Les réactions aux situations stressantes peuvent être cognitives ou intellectuelles (difficultés de concentration, dispersion de l'attention), comportementales (agitation), émotionnelles (instabilité, colère) ou physiques (palpitations cardiaques).

Certaines personnes ont tendance à ressentir des effets du stress au niveau corporel, d'autres présentent des perturbations psychologiques et d'autres combinent les réactions physiologiques et psychologiques. Ces réactions anxieuses influencent différemment la performance, selon l'activité concernée.

Il est essentiel d'identifier ses propres manifestations d'anxiété, car les techniques de gestion du stress ne sont pas les mêmes pour l'anxiété émotionnelle, cognitive ou somatique. Des réactions émotionnelles, comportementales ou somatiques appellent des techniques de relaxation (voir chap. 9, p. 197). Des manifestations intellectuelles nécessitent des techniques cognitives de gestion du stress (voir chap. 9, p. 212).

Questionnaire : Vos réactions de stress

Pensez à une situation stressante récente. Évaluez votre réaction à cette situation en entourant une note comprise entre 0 (pas de réaction) à 10 (réaction intense).

CETTE SITUATION STRESSANTE EST À L'ORIGINE DE :											
1. Abstraction excessive	0	1	2	3	4	5	6	7	8	9	10
2. Erreurs de jugement ou de discernement	0	1	2	3	4	5	6	7	8	9	10
3. Difficultés à raisonner	0	1	2	3	4	5	6	7	8	9	10
4. Difficultés de concentration	0	1	2	3	4	5	6	7	8	9	10
5. Diminution du rendement	0	1	2	3	4	5	6	7	8	9	10
6. Hésitation dans la prise de décisions	0	1	2	3	4	5	6	7	8	9	10
7. Délibération sans fin	0	1	2	3	4	5	6	7	8	9	10
8. Précautions injustifiées	0	1	2	3	4	5	6	7	8	9	10
9. Refuge dans l'imaginaire	0	1	2	3	4	5	6	7	8	9	10
10. Trous de mémoire	0	1	2	3	4	5	6	7	8	9	10
11. Évitement, absentéisme	0	1	2	3	4	5	6	7	8	9	10
12. Comportements compulsifs (achats, etc.)	0	1	2	3	4	5	6	7	8	9	10
13. Apathie	0	1	2	3	4	5	6	7	8	9	10
14. Changements dans vos méthodes de travail	0	1	2	3	4	5	6	7	8	9	10
15. Consommation d'alcool, tabac ou médicaments	0	1	2	3	4	5	6	7	8	9	10
16. Excès de vitesse	0	1	2	3	4	5	6	7	8	9	10
17. Fuite des responsabilités	0	1	2	3	4	5	6	7	8	9	10
18. Agitation	0	1	2	3	4	5	6	7	8	9	10

19. Rituels de lavage, de comptage	0	1	2	3	4	5	6	7	8	9	10
20. Isolement, retrait	0	1	2	3	4	5	6	7	8	9	10
21. Irritabilité	0	1	2	3	4	5	6	7	8	9	10
22. Instabilité émotionnelle	0	1	2	3	4	5	6	7	8	9	10
23. Envie de pleurer	0	1	2	3	4	5	6	7	8	9	10
24. Dégoût, écœurement	0	1	2	3	4	5	6	7	8	9	10
25. Humeur triste	0	1	2	3	4	5	6	7	8	9	10
26. Peur du regard d'autrui	0	1	2	3	4	5	6	7	8	9	10
27. Propos agressifs	0	1	2	3	4	5	6	7	8	9	10
28. Méfiance	0	1	2	3	4	5	6	7	8	9	10
29. Sautes d'humeur	0	1	2	3	4	5	6	7	8	9	10
30. Sensibilité aux commentaires d'autrui	0	1	2	3	4	5	6	7	8	9	10
31. Difficultés respiratoires	0	1	2	3	4	5	6	7	8	9	10
32. Douleurs intestinales	0	1	2	3	4	5	6	7	8	9	10
33. Rougeurs ou rougissements	0	1	2	3	4	5	6	7	8	9	10
34. Salivation excessive ou bouche sèche	0	1	2	3	4	5	6	7	8	9	10
35. Sensations de chaleur	0	1	2	3	4	5	6	7	8	9	10
36. Suées	0	1	2	3	4	5	6	7	8	9	10
37. Troubles digestifs	0	1	2	3	4	5	6	7	8	9	10
38. Sensations gorge serrée	0	1	2	3	4	5	6	7	8	9	10
39. Trouble de la vision	0	1	2	3	4	5	6	7	8	9	10
40. Voix chevrotante	0	1	2	3	4	5	6	7	8	9	10

Calculez vos scores : Additionnez vos scores aux quatre groupes de réactions au stress et inscrivez vos totaux dans la colonne « Vos scores » dans le tableau ci-dessous.

	CALCULEZ VOS SCORES	HIÉRARCHISEZ				ANALYSEZ
ITEMS	Total [0-100]	Rang				Réactions de stress
de 1 à 10	....	1	2	3	4	Cognitives-intellectuelles
de 10 à 20	....	1	2	3	4	Comportementales
de 21 à 30	....	1	2	3	4	Émotionnelles
de 31 à 40	....	1	2	3	4	Somatiques

Hiérarchisez vos scores : Entourez le rang 1 pour le score le plus élevé, le rang 2 pour le score suivant et ainsi de suite.

Analysez vos scores : Les réactions aux situations stressantes peuvent être cognitives ou intellectuelles (de 1 à 10), comportementales (de 11 à 20), émotionnelles (de 21 à 30) ou physiques (de 31 à 40). Repérez le registre où vos réactions au stress dominent.

Les techniques de relaxation (p. 197) sont particulièrement adaptées au traitement des réactions émotionnelles, comportementales ou somatiques. Les techniques cognitives de gestion du stress sont une meilleure indication pour les manifestations intellectuelles ou cognitives (voir chap. 9, p. 212).

Maintenant, nous vous proposons de tester votre tendance à éprouver du plaisir ou du déplaisir, car ce dernier est central dans l'insatisfaction professionnelle et le plaisir est essentiel pour l'épanouissement personnel.

Questionnaire : Plaisir ou déplaisir au travail

Évaluez le degré de plaisir produit par les différentes situations décrites ci-dessous en leur attribuant une note comprise entre 0 (aucun plaisir) et 8 (plaisir très important). Mettez une croix [X] dans la case correspondante.

DEGRÉ DE PLAISIR PRODUIT PAR LES FAITS SUIVANTS :	0	1	2	3	4	5	6	7	8
La promotion d'un(e) collègue que vous avez encouragée									

● ● ●

• • •	Faibles	Moyens	Élevés
Le café et les croissants servis à votre arrivée au bureau			
Un dîner avec vos collègues			
L'aide d'un collaborateur pour clore un dossier			
Un cocktail avec de grands dirigeants			
Les compliments d'une personne que vous admirez			
Un pot pour votre anniversaire			
L'invitation d'un collègue au restaurant			
La présentation orale de votre projet en réunion			
Un déplacement professionnel dans un pays qui vous attire			
Un pari gagné important pour vous			
Un barbecue avec des collègues			
Une discussion intime avec un collègue			
La rencontre inopinée d'un collègue le dimanche			
Une conférence internationale où vous représentez votre institution			
Calculez vos scores : Indiquez le nombre de croix dans les trois groupes	Faibles	Moyens	Élevés ......

Dessinez votre profil : Rejoignez d'un trait les croix tracées dans les cases correspondant aux quinze propositions.

Plus votre profil est situé à *droite*, plus vous ressentez de plaisir dans les situations sociales et professionnelles.

Plus votre profil est à *gauche*, plus vous ressentez du déplaisir dans les situations sociales et professionnelles.

Si votre profil tend davantage vers le déplaisir que le plaisir, le risque d'épuisement professionnel n'est peut-être pas loin.

Si votre profil est *hétérogène*, calculez vos scores.

Calculez vos scores : Comptez le nombre de croix dans chacune des trois catégories de scores « Faibles » (inférieurs à 3), « Moyens » (entre 3 et 5) ou « Élevés » (supérieurs à 6). Le nombre total de croix est de 15.

Le paradoxe du travail est d'être assimilé seulement à la souffrance ou au déplaisir et non à l'épanouissement personnel. Il est vrai que le mot « travail » vient du latin *trepalium* (mot qui désignait un instrument de torture). Très souvent considéré comme un moyen de gagner sa vie (pour sept Français sur dix), il n'exclut pourtant pas le plaisir, l'épanouissement personnel. Un quart des salariés français déclarent prendre du plaisir au travail alors que les ouvriers sont très peu nombreux à associer plaisir et travail. Pourtant, le plaisir est le moteur de la créativité et de l'épanouissement personnel. D'ailleurs, les individus déprimés souffrent d'une difficulté à éprouver du plaisir — nommée *anhédonie* — lors de la survenue d'un événement engendrant normalement une émotion agréable.

Les psychologues disposent de nombreux questionnaires qui permettent aux personnes souffrant de stress professionnel, d'épuisement ou de harcèlement, d'évaluer leur degré de plaisir ou de déplaisir au début, pendant et à la fin de la thérapie en vue de suivre l'augmentation de l'un et la diminution de l'autre, véritable thermomètre d'une amélioration psychologique. En général, la capacité d'éprouver de la satisfaction ou du plaisir augmente au fil du travail psychologique (voir chapitre 8).

Les conséquences du stress

Les conséquences du stress sont néfastes pour l'entreprise et la santé de ses employés.

Conséquences pour l'entreprise

L'Organisation mondiale de la santé liste les effets du stress dans l'entreprise. Il porte atteinte à l'entreprise en :

- faisant *augmenter* l'absentéisme, les fluctuations du personnel, les plaintes des clients ou des consommateurs, les pratiques dangereuses et les taux d'accidents du travail, les risques de procès et d'actions en justice par des travailleurs victimes du stress ;
- *diminuant* la motivation des travailleurs ;
- *influant négativement* sur leur recrutement ;
- *portant atteinte* aux performances et à la productivité, à l'image de l'entreprise tant auprès de ses employés qu'à l'extérieur.

Conséquence du stress : quelques chiffres

La pression a un rôle négatif sur la qualité du travail pour 59 % des salariés contre 23 % qui lui reconnaissent un rôle positif[1]. La pression a des conséquences négatives sur la qualité du travail pour 63 % des non-cadres, 58 % des cadres et 55 % des cadres supérieurs.

En Europe

Le stress est à l'origine de 50 % à 60 % de l'ensemble des journées de travail perdues[2] :

– au Royaume-Uni, la moitié des journées de travail perdues est imputable directement ou indirectement au stress au travail. Cela se traduit par une perte de 180 millions de journées de travail et un coût pour les entreprises de plus de 11 milliards d'euros ;

– en Allemagne : l'absentéisme dû à des problèmes psychologiques a connu une hausse vertigineuse. Il a augmenté de 74 % depuis 1994 et le nombre de jours d'absence a connu une hausse de 37 %.

➤

---

1. Enquête *Journal du net management*.
2. Agence européenne pour la sécurité et la santé au travail, *Le Coût de tous les problèmes de santé liés au travail*, 1999.

> **En France**
>
> Le CNRS évalue l'absentéisme des salariés français à neuf jours par salariés et par an[1].
>
> 28 % des salariés se mettent en arrêt maladie à cause d'un excès de stress[2] et, selon Éric Alonso[3], le stress figure dans le trio de tête de l'absentéisme avec la motivation et les mauvaises conditions de travail.
>
> La France a plus de jours d'absence que l'Espagne (3,5 jours), l'Italie ou la Suisse (4 jours) mais, elle en a moins que les pays scandinaves (Danemark, Suède, 7 jours, Finlande, 8,5 jours), d'après les enquêtes européennes[4].
>
> Les cadres déclarent plus souvent penser quitter leur travail à cause du stress (32 %) ou partir en retraite anticipée (23 %) que se mettre en arrêt maladie (9 %)[5]. Dans la population active française, plus d'un quart des salariés (28 %) déclarent vouloir changer d'entreprise et autant se mettent en arrêt maladie. Un excès de stress amène plus souvent le salarié à changer d'entreprise dans 27 % des cas que penser changer de poste (12 %)[6].

Conséquences sur la santé des personnes

L'environnement professionnel peut nuire à la santé des individus de façon *directe* en les exposant à des conditions de travail ou à des substances dangereuses et en augmentant le risque d'accidents, de traumatismes, de maladies respiratoires et cardio-vasculaires. Il peut aussi avoir des conséquences *indirectes* en générant du stress chronique, de la détresse psychologique, de l'insatisfaction, de la frustra-

---

1. « Organisation du travail : les salariés sous tension », *Le Journal du CNRS*, n° 184, mai 2005.
2. Enquête *Journal du net management*.
3. Consultant d'Ineum Consulting, interviewé par E. Carré le 21 avril 2007. Le Figaro.fr, « Quel type de stressé êtes-vous ? ».
4. Fourth European Working Conditions Survey, *Satisfaction with Working Conditions*, p. 77-81. *www.eurofound.europa.eu/ewco/*
5. Confédération CFE CGC : Site internet : www.cfecgc.org
6. Enquête *Journal du net management*.

tion, des stratégies d'ajustement inadaptées, des habitudes et des comportements à risques.

La santé et le stress : quelques chiffres

En Europe, plus d'un quart des salariés considèrent que leur santé et leur sécurité sont exposées à des risques liés au travail. En 2005, 27 % des salariés européens signalaient des problèmes de santé liés au stress professionnel. En 2000[1], ils étaient 28 %. Ce chiffre est stable mais une disparité très importante existe entre les anciens États membres de l'Union européenne (20 % en Grande-Bretagne, 22 % en Allemagne, 28 % en France) et les nouveaux États membres (40 % en moyenne avec des pics de 70 % en Grèce, en Pologne[2]).

Les problèmes de santé liés au travail sont principalement[3] :

- les troubles musculo-squelettiques : maux de dos et douleurs musculaires ;

- les troubles psychologiques : 22 % des travailleurs européens citent le stress comme cause principale des symptômes liés au travail ;

- le harcèlement et la violence au travail : un travailleur européen sur vingt déclare avoir été l'objet de violence ou de harcèlement.

Ces troubles amènent les personnes à recourir à des produits calmants (somnifères, anxiolytiques, etc.) ou excitants (café, tabac, alcool, etc.). Si la situation stressante se prolonge dans le temps, l'organisme s'épuise. Les différents symptômes s'aggravent et/ou se prolongent entraînant des altérations de la santé qui peuvent devenir irréversi-

---

1. Fondation européenne pour l'amélioration des conditions de vie et de travail, 2000.
2. Fourth European Working Conditions Survey, *Impact of Work on Health*, p. 61-66.
3. Fourth European Working Conditions Survey, *Health and Well-Being*, 8 février 2007, *eurofound.europa.eu/ewco/health/index.htm*

bles. En France, plus de 1 % de personnes (soit 220 500 à 335 000 personnes) sont touchées par une pathologie liée au stress professionnel et 1,1 million de personnes[1] souffre de maladies professionnelles.

La santé physique

En Europe, les problèmes de santé physique liés au travail[2] sont principalement (par ordre de fréquence) des douleurs lombaires, des douleurs musculaires, de la fatigue, du stress, des maux de tête, de l'irritabilité, des troubles du sommeil, de l'anxiété. Le stress est considéré comme une conséquence majeure des mauvaises conditions de travail. En France[3], un salarié sur quatre déclare un problème chronique de santé ou un handicap dont 20 % l'attribuent à leur travail.

L'état de stress permanent peut se traduire par un *syndrome métabolique*, c'est-à-dire l'association de différents symptômes tels que l'hypertension artérielle, des perturbations du métabolisme des lipides, l'obésité, la résistance à l'insuline (qui peut évoluer vers un diabète). Ces perturbations métaboliques sont des facteurs de risque pour le système cardio-vasculaire.

Les relations entre le stress professionnel et les risques d'accident cardio-vasculaire sont, en effet, bien réelles : un risque accru de maladies coronariennes et même de décès par maladies cardio-vasculaires existe chez des salariés (principalement les hommes) confrontés à une forte pression psychologique combinée à un faible contrôle dans l'activité professionnelle.

Des professionnels ayant un travail très exigeant présentent plus de symptômes et ont une probabilité plus forte de décéder dans les dix

---

1. Ministère des Affaires sociales, du Travail et de la Solidarité, DARES, mai 2004.
2. Fourth European Working Conditions Survey, *Impact of Work on Health*, p. 61-66.
3. DARES, Premières synthèses, *Le Travail est rendu responsable d'un problème de santé sur cinq*, mai 2004, n° 19.1.

années suivantes[1]. La relation entre la surcharge de travail, les horaires de travail et les problèmes de santé est positive et consistante dans de nombreuses enquêtes[2].

Dans les statistiques européennes[3], la France affiche, comme l'ensemble des pays européens, d'importantes inégalités de santé liées à la situation socio-économique des personnes. Les salariés européens les plus instruits, les professions les plus qualifiées et les ménages les plus aisés bénéficient d'une espérance de vie plus longue et se trouvent en meilleure santé. L'espérance de vie à 35 ans d'un homme cadre ou occupant une profession intellectuelle était, au milieu des années 1990, supérieure à celle d'un ouvrier d'environ sept années. Les inégalités de mortalité selon le niveau d'instruction, estimées alors pour les hommes et pour les femmes de cette tranche d'âges, sont les plus élevées pour la France.

Durée de vie des salariés en France : quelques chiffres

La réflexion sur la pénibilité du travail menée actuellement en France par le ministre du Travail avec les partenaires sociaux semble retenir comme critère d'évaluation objectif la durée de vie des salariés après la mise en retraite. Or la France se distingue par des inégalités sociales criantes par rapport aux autres pays européens.

L'espérance de vie des hommes varie fortement selon leur catégorie socio-professionnelle. À 35 ans, un ouvrier à une espérance de vie inférieure de six ans et demi à celle d'un cadre du même âge et l'écart monte même à neuf années lorsqu'on compare un ouvrier non qualifié à un cadre de la fonction publique.

Pour les femmes, des inégalités d'espérance de vie existent également, mais les disparités sociales sont plus réduites puisqu'on n'observe à 35 ans qu'un différentiel de 3,5 ans d'espérance de vie entre ouvrières et cadres[4].

➤

---

1. House J., Stretcher V., Meltzer H.L., Robbins C.A., « Occupational Stress and Health Among Men and Women in the Tecumesh Community Health Study », *Journal of Health and Social Behavior*, 27, 1986, p. 62-77.
2. Bruchon-Schweitzer, *op. cit.*, p. 119.
3. INSERM, *Bulletin épidémiologique hebdomadaire*, 2-3, 23 janvier 2007.
4. *Ibid.*

➤

La mortalité des salariés exerçant une activité manuelle entre 45 ans à 59 ans est supérieure de 71 % à celle des hommes du même âge ayant une activité intellectuelle. Ce niveau de surmortalité masculine est sans commune mesure avec les 33 % à 53 % de surmortalité constatées dans les autres pays européens.

De même, on observe également que les disparités sociales sont plus fortes en France que dans les autres pays lorsqu'on prend en compte le niveau d'études. Les hommes de 35 ans à 50 ans sans diplôme ont en effet une mortalité quasiment trois fois supérieure à celle de ceux ayant fait des études supérieures. Toutefois, la surmortalité des manuels ne relève pas uniquement de facteurs économiques et de disparités d'accès aux soins. La mortalité prématurée des hommes résulte en effet de cancers et maladies de l'appareil digestif laissant à penser que des facteurs comportementaux, comme la consommation d'alcool, sont en cause[1].

Les salariés souffrent principalement de problèmes de dos et des membres et 40 % attribuent ces troubles musculo-squelettiques à leur travail et au stress qui en découle. Les hommes semblent plus touchés que les femmes.

Les troubles musculo-squelettiques des membres supérieurs, en particulier, sont de plus en plus souvent observés chez les salariés soumis à des sollicitations biomécaniques résultant de mouvements répétitifs associés à un manque de soutien social ou à une insatisfaction dans le travail. Toutefois, les ouvriers semblent plus concernés : *un ouvrier sur deux* endure des contraintes articulaires pendant son travail contre un salarié sur quatre[2].

Le Conseil économique et social[3] constate que le progrès technique, l'automatisation et la robotisation laissaient espérer une diminution considérable de la charge de travail. Or des « pathologies de surcharge » sont encore très fréquentes. Ainsi, les troubles musculo-

---

1. *Ibid.*
2. Ministère du Travail, DARES, 1997.
3. Rapport du conseil économique et social, *Organisations du travail et nouveaux risques pour la santé des salariés*, 2004.

squelettiques (TMS) concernaient hier des ouvriers usés par une longue exposition à des mouvements répétitifs et à des vibrations ou à des tâches de fortes manutentions, ils touchent aujourd'hui également des jeunes et des employés montrant qu'ils résultent certes de causes physiques ou physiologiques, mais également de facteurs psychologiques. De même, la surcharge peut se manifester par le *burnout* (épuisement professionnel), en particulier pour les employés des professions impliquant une relation d'aide, d'assistance ou de soins.

La santé mentale

La dépression et l'anxiété sont les conséquences psychologiques majeures du stress au travail.

Stress au travail et dépression

La proportion de maladies dépressives attribuables au stress professionnel[1] est élevée : elle concerne 7,5 % à 10 % d'hommes et 6,1 % à 8,3 % de femmes. Une forte sollicitation psychologique au travail, associée à une faible latitude décisionnelle et à un faible soutien social de la part des collègues ou des supérieurs, sont des facteurs prédictifs de dépression.

La France occupe la troisième marche du podium des nations où les dépressions liées au travail sont les plus nombreuses, devancée seulement par l'Ukraine et les États-Unis, selon un rapport de l'Organisation mondiale de la santé[2].

> **La dépression reconnue accident du travail** : la haute juridiction[3] a pour la première fois reconnue fondée une qualification de dépression d'accident du travail, l'expertise médicale ayant permis d'établir un lien de cause à effet entre l'entretien d'évaluation, le traumatisme psychique et la dépression nerveuse qui en avait découlé pour le salarié.

---

1. Ministère du Travail, DARES, 1998.
2. Salengro B., *Suicides. La France insensible*, b.salengro2@cfecgc.fr
3. Arrêt de la Cour de cassation, 2e chambre civile, n° 02-30.576 du 1er juillet 2003, CPAM de Dordogne.

Des salariés malades d'inquiétude et de peur

Le doute et l'angoisse tenaillent de nombreux salariés. En 1998[1], 60 % avouaient craindre pour leur emploi et leur rémunération, contre 46 % en 1991. Cette peur touche toutes les catégories professionnelles, le taux étant un peu plus élevé chez les intérimaires et les personnes en contrat à durée déterminée. La qualité de l'emploi fragilisée par une précarité croissante est un facteur d'inquiétude pour les salariés, d'autant plus vif que le chômage se situe à un taux relativement élevé et que l'espoir pour les peu qualifiés ou les plus âgés de retrouver du travail est contrarié par la sélectivité très forte du marché du travail.

Les cadres européens ne sont pas épargnés et estiment que leur santé est de plus en plus mise en danger du fait de leur travail. En France[2], ils sont inquiets pour leur situation professionnelle, sont découragés, et craignent de perdre leur travail. De plus, la très grande majorité des cadres interrogés ne se sentent pas soutenus par leur hiérarchie et déplorent que l'entreprise affiche un désintérêt alarmant pour les problèmes liés aux stress, allant jusqu'à pousser certains à se suicider.

L'état d'esprit des cadres est révélateur de l'inquiétude, du découragement et de la crainte de perdre son emploi qui sont à l'origine de conduites addictives, que ce soit l'usage de tabac, de médicaments (antidépresseur), d'alcool ou de drogue.

La solitude est un facteur aggravant

Les salariés les plus exposés au risque de pathologies sont ceux dont la situation professionnelle combine les trois caractéristiques suivantes : de fortes exigences, un contrôle faible et un soutien social faible. Moins il y a de soutien social sur le lieu de travail, plus le risque de maladies est élevé. Le stress est une véritable maladie de la solitude et de la désolidarisation des liens sociaux[3].

---

1. Ministère du Travail, DARES.
2. Enquête de la confédération de l'encadrement et des cadres. CFE-CGC, 2007.
3. Dejours C., *Souffrance en France. La banalisation de l'injustice sociale*, Paris, Le Seuil, 1998.

Stress au travail : un suicide chaque jour

Plus de 15 % des personnes appelant SOS-Suicide-Phénix évoquent des soucis liés aux conditions de travail[1].

> Isabelle[2], 41 ans, responsable dans un restaurant d'entreprise de l'usine Renault Trucks à Saint-Priest (Rhône), dans la banlieue lyonnaise, s'est donné la mort en mars 2007 en absorbant une forte dose de médicaments. Son corps a été repêché le 8 mars dernier dans un bras de l'Ain, à l'est de Lyon. Une lettre a été retrouvée dans sa voiture, abandonnée un peu plus loin où on peut lire ces quelques mots sur une feuille. « Je ne suis plus assez forte. Trop de pression au travail. » Puis, des paroles d'adieu et d'amour à son mari et à ses deux enfants. Isabelle était chef de groupe de restaurant d'entreprise. Un poste stressant, disent ses collègues et son mari.

Un suicide par jour est lié au stress au travail[3]. Le nombre des suicides dans le monde du travail est compris entre trois cents et quatre cents par an. Non seulement, ce chiffre est inquiétant parce qu'il est élevé, mais, depuis dix ans, il est aussi en nette augmentation. Il est d'autant plus alarmant qu'il est sous-évalué, selon Michel Debout, président de l'Union nationale de la prévention du suicide : « Nous sommes face à un phénomène important et de plus en plus préoccupant, lié à la dureté du monde du travail et à sa précarité. Cela touche tous les milieux, mais en particulier les cadres[4]. »

Cette inquiétude est largement partagée : Christian Larose, vice-président du Conseil économique et social, confirme qu'une personne par jour se donne la mort pour des raisons liées aux mauvaises condi-

---

1. Cotinaud P., « À l'écoute des suicidaires appelant SOS-Suicide-Phénix », in *Conditions de travail : un suicide par jour*, LEXPRESS.fr, 14 mars 2007.
2. A. Géraud, « responsable d'un restaurant Sodexho, Isabelle B. s'est suicidée : "je ne suis plus assez forte, trop de pression au travail" », *Libération*, 4 avril 2007.
3. *Le Nouvel Observateur* du 14 mars 2007.
4. Debout M., *La France du suicide*, Paris, Stock, 2002.

tions de travail : « Le phénomène du suicide lié au travail n'est pas nouveau mais il s'est accentué ces dernières années[1]. »

À la centrale nucléaire de Chinon, trois employés se sont donné la mort en six mois, quatre en deux ans, dont un fut reconnu comme « maladie professionnelle » par l'assurance-maladie. La direction a décidé la création d'une « mission d'écoute et de compréhension » pour les employés de la centrale, d'un observatoire national de la qualité de vie au travail, d'un numéro vert et le développement d'un management de proximité.

Chez Renault, sur le site de Guyancourt, en deux ans, trois salariés se sont suicidés et un quatrième a fait une tentative. Le 22 janvier 2006, un technicien de 44 ans a été retrouvé sans vie, le 20 octobre 2006, Antonio B, un ingénieur en informatique de 39 ans s'est jeté du cinquième étage du bâtiment principal, devant des dizaines de salariés témoins. Raymond D., 38 ans, a été découvert pendu à son domicile où a été retrouvée une lettre dans laquelle il évoquait ses difficultés au travail. En janvier 2007, Hervé T. est retrouvé noyé dans un étang dépendant de l'entreprise. Perçu pendant longtemps comme un modèle social, Renault est aujourd'hui montré du doigt après ces cinq suicides en deux ans et demi. Le PDG de Renault a décidé de lancer une campagne d'information en rappelant l'existence d'un service téléphonique d'assistance psychologique, proposé à tous les salariés par un prestataire externe, pour endiguer cette vague de suicides.

Deux décès ont été considérés « en lien avec le travail » par la caisse primaire d'assurance-maladie des Hauts-de-Seine qui les a reconnus comme des accidents du travail. La caisse a, en revanche, renoncé à classer comme tel le suicide du salarié qui s'était donné la mort à son domicile[2] alors qu'il avait laissé une lettre mettant en cause le Technocentre.

Les résultats de l'enquête[3] menée par le cabinet indépendant Technologia à la demande d'un comité d'hygiène, de sécurité et des conditions de travail (CHSCT) du Technocentre montrent que 31 % des salariés sont en

---

1. *La Santé au travail. Le suicide au travail*, INSERM, France 5-Emploi, « Bien vivre le monde du travail », www.emploi.france5.fr /emploi/droit-travail/ santé/10152727.fr
2. Peillon L., « Un autre suicide reconnu comme accident du travail chez Renault », *Libération*, 27 octobre 2007.
3. Pluyette C., « Débat autour du stress chez Renault », *Le Figaro*, 19 octobre 2007.

situation de « travail tendu », ce qui signifie qu'il « existe une forte probabilité de troubles pathologiques dus à leurs conditions de travail ». Par ailleurs, 36,5 % des sondés pensent ne pas bénéficier d'un soutien suffisant dans les situations difficiles, et près de 65 % (88 % des cadres) estiment que leur temps de travail effectif quotidien est supérieur à neuf heures. Selon la direction du Technocentre, cette étude confirme le diagnostic dressé en mars 2007, en lançant son « plan de soutien », qui comprenait notamment la formation des managers à la gestion du stress de leurs équipes. Toutefois, Bernard Ollivier, le directeur du Technocentre, précise que, selon l'observatoire du stress créé par Renault en 1998, 18 % des salariés se déclarent stressés, contre 22 % en 2002.

Ces suicides posent le problème de la responsabilité des difficultés professionnelles : comment distinguer les suicides motivés par des raisons d'ordre privé des actes directement liés à l'activité professionnelle ? Pour le psychiatre, Jean-Pierre Soubrier, expert sur le sujet à l'Organisation mondiale de la santé, « les suicides reliés au travail sont surtout ceux qui se produisent sur le lieu de l'entreprise et ceux qui sont accompagnés par une lettre d'adieu explicite[1] ».

Urgence en France

Les effets du stress sur la santé des salariés français sont dénoncés au niveau international, car le nombre de dépressions liées au travail est très élevé.

L'ampleur du mal-être au travail en France est aggravée par l'impression des travailleurs que leurs employeurs, managers et responsables, s'en désintéressent. Seuls 18 % des cadres français[2] reconnaissent que l'entreprise prend en considération le stress. La Confédération des personnels d'encadrement dénonce l'insensibilité des employeurs français et leur attitude de déni caractérisé pour les problèmes de santé de leurs employés[3].

---

1. Soubrier J.-P., « Définitions du suicide. Signification de la prévention », Annales médico-psychologiques, 1999, 157, 8, p. 526-529.
2. Enquête CFE-CGC, 2007-2006-2005.
3. Salengro, *op. cit.*

Il est urgent que les dirigeants français s'intéressent et répondent au problème posé par le stress professionnel. La souffrance au travail est un enjeu de santé publique qui coûte une fortune aux entreprises et à la société. Il est impératif que les accords européens soient traduits dans la législation française à l'image d'autres pays européens comme la Belgique, les pays scandinaves, les Pays-Bas, etc. Pourquoi ce manque d'intérêt en France ? Quels sont les freins ? La France si fière de son modèle social doit rattraper son retard en matière de dialogue social qui diminuera les coûts des dépenses de santé. Philippe Rodet[1], médecin urgentiste, estime le coût du stress lié au travail à 51 milliards d'euros, soit presque cinq fois le déficit de la Sécurité sociale. Le stress touche plus des trois quarts de nos concitoyens et agit insidieusement comme un véritable poison en créant des maladies dont les répercussions sur l'économie sont dramatiques.

Le coût du stress au travail en Europe

Les conséquences du stress pour l'entreprise et pour la société ont un coût très élevé. Au niveau européen, ces coûts sont estimés à 20 milliards d'euros chaque année[2].

L'Agence européenne pour la sécurité et la santé au travail a publié une estimation du coût pour la société de tous les problèmes de santé liés au travail en 1999. Les coûts variaient selon les pays européens et s'élevaient entre 2,6 % à 3,8 % de leur produit intérieur brut (PIB), c'est-à-dire de 185 à 269 milliards d'euros par an, pour l'ensemble des quinze États membres. Le coût du stress d'origine professionnelle est estimé à environ 20 milliards d'euros par an[3]. De plus, le stress est responsable de 50 % à 60 % de l'ensemble des journées de travail perdues. Les statistiques des différents pays européens confirment le

---

1. « Le stress, une vraie question de société », *Ouest-France*, 5 mars 2007.
2. « Le stress au travail », *Bulletin d'information du Bureau technique syndical européen pour la santé et la sécurité*, n° 19-20, septembre 2002 et Fondation européenne pour l'amélioration des conditions de vie et de travail, 2000.
3. Institut national de recherche et de sécurité (INRS), *Le Stress au travail*, octobre 2003.

coût exorbitant des conséquences des conditions de travail sur la santé des employés et des employeurs.

Dans les pays scandinaves, les maladies cardio-vasculaires dues au stress représentent 4 % du coût des accidents du travail et des maladies professionnelles. En 1992, la facture s'élevait à 177 millions d'euros pour la Suède et 125 millions pour le Danemark, en valeur absolue [1]. Ces chiffres ne concernent que les maladies imputables à un facteur de stress particulier alors qu'il en existe beaucoup d'autres (bruit, travail de nuit...).

Aux Pays-Bas, le coût de l'absentéisme et des arrêts maladies est estimé à 12 milliards. Les troubles musculo-squelettiques et les troubles psychologiques occupent une part importante du coût total (22 % chacun, soit 3 milliards chacun)[2].

En Grande-Bretagne, en 2000, les maladies liées au stress causant la perte annuelle de 6,5 millions de journées de travail coûtent 571 millions d'euros aux employeurs et 5,7 milliards d'euros à l'ensemble de la société[3].

En Allemagne, l'absentéisme dû à des problèmes psychologiques a connu une hausse vertigineuse (plus 74 % pour l'absentéisme depuis 1994). Le coût économique des troubles psychologiques était estimé à 3 milliards en 2001. Les états dépressifs sont la cause majeure, car ils représentent 37 % de tous les troubles psychologiques.

Le coût du stress au travail en France

La France est, après l'Espagne, *le pays le plus dangereux dans la zone euro, en matière d'accidents du travail* (plus 15 %, entre 2001 et 2003)[4]. Ce

---

1. Lévi L., Lunde-Jensen P., *Un modèle d'évaluation des coûts du stress au niveau national, coûts socio-économiques du stress au travail dans deux pays de l'Union européenne*, Luxembourg, Fondation européenne, 1996.
2. Fourth European Working Conditions Survey, *Work-Related Stress. Costs Related to Work-Related Stress*, 2005.
3. INRS, *Le Stress au travail*, oct. 2003.
4. « Organisation du travail : les salariés sous tension », *op. cit.*

constat est à l'origine du plan 2005-2009 de la santé au travail lancé, par le ministère de l'Emploi, du Travail et de la Cohésion sociale.

Le coût social du stress au travail est évalué, du point de vue de l'entreprise et de celui de la société, par l'Institut national de recherche et de sécurité[1].

Coût pour l'entreprise

L'entreprise s'intéresse au coût des soins, de l'absentéisme et des décès prématurés en regard de l'âge de la retraite (années entre le décès et l'âge de la retraite). Le coût estimé des cas attribuables au stress d'origine professionnelle s'élève à 830 millions d'euros, pour les trois types de pathologies (cardio-vasculaires, dépressives et musculo-squelettiques) (voir tableau 4).

Tableau 4 — Coût pour l'entreprise des maladies liées au stress

	MALADIES		
	Cardio-vasculaires	Dépressives	Musculo-squelettiques
Soins en santé	56,8	236,0	1,1
Absentéisme	189,5	161,4	18,8
Décès	24,0	142,7	0
Total	270,3	540,1	19,9
Total : 830 millions d'euros			

Coût pour la société

Du point de vue de la société, ce coût inclut le prix des soins augmenté du coût des décès prématurés comparé à l'espérance de vie moyenne de la population considérée. Le coût estimé des cas attribuables au stress d'origine professionnelle est de 963 millions

---

1. INRS, *Stress au travail : diagnostic, évaluation, gestion et prévention. Bilan et thématique*, 1998-2002.

d'euros, pour les trois types de pathologies (cardio-vasculaires, dépressives et musculo-squelettiques) (voir tableau 5).

Tableau 5 — Coût pour la société des maladies liées au stress

MALADIES		
Cardio-vasculaires	Dépressives	Musculo-squelettiques
Soins en santé 56,8	236,0	1,1
Décès prématurés 445,2	224,3	0,0
Total 502,0	460,3	1,1
Total : 963 millions d'euros		

Les répercussions du stress au travail sont néfastes pour la santé des salariés et coûteuses pour la société. Les dépressions ont un coût plus élevé (540 millions d'euros) que les maladies cardio-vasculaires (270 millions d'euros).

Des maladies différentes selon l'activité profession- nelle[1]

Les agriculteurs, les ouvriers et les artisans ont plus de problèmes de santé et souffrent plus souvent de problèmes musculo-squelettiques que les autres professionnels : plus de trois ouvriers sur dix déclarent un problème, devant les agriculteurs (27 %), les artisans, commer- çants et les employés (26 %) contre 18 % de cadres ou professions libérales qui signalent un problème chronique.

Les cadres sont les professionnels qui lient le plus souvent leur acti- vité professionnelle et les troubles psychologiques comme la dépres- sion : un cadre sur trois associe le travail et la dépression contre 12 % d'ouvriers et 8 % d'agriculteurs.

---

1. DARES, *Premières synthèses*, n° 19.1, mai 2004.

Le stress chronique et la pénibilité mentale au travail ouvrent la voie à des souffrances psychologiques caractéristiques de l'épuisement professionnel et du harcèlement moral au travail dont les conséquences sur la santé des entreprises sont colossales et les conséquences sur la santé des salariés graves et, parfois, irréversibles.

Chapitre 5

L'épuisement professionnel ou *burnout*

Le *burnout* résulte d'un stress professionnel persistant et de tensions continues. Il constitue le stade final d'une rupture d'adaptation qui résulte d'un déséquilibre à long terme entre les exigences professionnelles et les ressources de l'individu. Le *burnout* dépasse le stress puisqu'il résulte de tensions prolongées, chroniques contrairement au stress qui est un processus d'adaptation temporaire résultant de tensions passagères. Le *burnout* touche entre 5 % à 10 % des salariés[1]. Pourquoi certains salariés craquent alors que d'autres résistent ? Comment peut-on prévenir l'épuisement professionnel lorsqu'on travaille dans un domaine où les risques sont élevés ? Que faire lorsqu'on est déjà atteint de *burnout* ? Ce chapitre tente de cerner les éléments essentiels qui font la différence entre un stress professionnel géré sainement et celui qui conduit au *burnout*.

Une fois établie cette distinction entre stress et *burnout*, nous tenterons de proposer des remèdes adaptés et spécifiques pour prévenir le *burnout* ou le guérir.

---

1. Légeron P., « Le stress au travail. Repérer les symptômes du *burnout* », *Journal du net management*, 31 mars 2007.

Qu'est-ce que le *burnout* ?

Le *burnout* est un terme emprunté au vocabulaire aérospatial : il désigne le risque d'échauffement brutal, voire de destruction, d'une fusée, provoqué par l'épuisement de son carburant. En anglais, *burnout* signifie « s'user », « s'épuiser », « craquer en raison de demandes excessives d'énergie, de forces ou de ressources ».

Le terme *burnout* qualifie l'état d'une bougie qui, après avoir éclairé de longues heures, n'offre qu'une flamme discrète et faible. Il implique donc l'idée de *combustion interne* des professionnels, particulièrement les soignants confrontés à la souffrance de l'autre. Cette métaphore de la combustion est parfois illustrée par l'image de l'incendie d'un immeuble qui aurait brûlé totalement l'intérieur de l'habitation tout en laissant intacte la façade.

En 1974, Herbert Freudenberger[1], psychiatre et psychothérapeute américain, a découvert le *burnout* alors qu'il dirigeait un centre de jour accueillant des toxicomanes à New York. Cette clinique fonctionnait essentiellement avec de jeunes bénévoles. Freudenberger a observé que ces jeunes gens perdaient leur enthousiasme après un an d'activité et présentaient, d'une part, des symptômes somatiques tels que des maux de tête, des troubles intestinaux, des insomnies, de la fatigue, de l'épuisement et, d'autre part, des réactions émotionnelles telles que l'irritabilité, la colère.

Le *karoshi* est l'équivalent japonais du phénomène anglo-saxon de *burnout*. Le *karoshi* ou « mort par la fatigue au travail » désigne un épuisement qui peut aboutir au suicide et à la mort. Ce syndrome dit « de mort par surmenage » est le degré absolu du *burnout*. La mort résulte de la destruction des glandes surrénales. Celles-ci fonctionnent de façon intensive en période de stress puis, ne pouvant plus fournir les hormones, s'autodétruisent. Fort heureusement, aucun cas de *karoshi* n'a été identifié, pour l'instant, en France.

---

1. Freudenberger H. « Staff *burnout* », *Journal of Social Issues*, 30, p. 159-165, 1974.

L'aboutissement d'un stress persistant au travail

Le *burnout* n'apparaît qu'à l'occasion d'une activité professionnelle. Il vise spécifiquement le travail ce qui n'est pas le cas du stress. À l'origine, il décrivait l'épuisement spécifique des professions sociales et médicales dont l'activité est tournée vers les autres. Aujourd'hui, ce phénomène concerne toutes les professions.

Le rythme accéléré, les budgets serrés, les exigences croissantes font de plusieurs environnements professionnels des endroits propices à l'épuisement ou *burnout*. Il touche un nombre croissant de salariés et chacun peut en être victime. Il nuit non seulement à la santé mais aussi à la qualité du travail. Son coût est considérable pour l'entreprise et la société.

Les conséquences nocives du *burnout* dépassent souvent la sphère professionnelle et débordent sur la vie privée (difficultés familiales, ruptures sentimentales, divorces, etc.). Les individus souffrant de *burnout* ont des réactions qui peuvent être émotionnelles (angoisse, dépression), physiologiques (hypertension, lombalgies, diabète de type 2, etc.), cognitives (difficultés à se concentrer, à prendre des décisions), motivationnelles (perte d'intérêt pour son travail) ou comportementales (isolement, cynisme).

Le *burnout* est une dépression dont les causes sont liées au travail, qu'il s'agisse des conditions de travail ou des difficultés relationnelles. Parce que les causes sont organisationnelles, cette situation doit être prise en compte dans le cadre du travail, même si elle nécessite parfois d'être étendue à une prise en charge psychothérapeutique des effets individuels.

Reconnaître le *burnout*

> « *Il n'y avait plus assez de musique en moi pour danser la vie* », *Ferdinand Céline.*

Au début, les malaises sont insidieux et ne sont pas toujours détectés par la personne elle-même. On les explique souvent comme une réaction normale à l'accumulation de stress. Mais cette fragilisation, si elle dure, peut conduire, à plus ou moins long terme, à une dépression grave, décrite par les Américains sous le nom de *burning out* ou « syndrome d'épuisement ».

Questionnaire : Souffrez-vous d'épuisement professionnel (1) ?

1. Évaluez à l'aide d'une note allant de 0 (pas du tout vrai) à 8 (totalement vrai) votre état actuel. Mettez une croix [X] dans la case correspondante.

	0	1	2	3	4	5	6	7	8
Avoir l'esprit occupé uniquement par le travail									
Se sentir frustré au travail									
Être de plus en plus fatigué par le travail									
Quitter de plus en plus tard son travail									
Ne plus avoir de temps pour des loisirs : sport, sorties, etc.									
Manquer d'énergie									
Être irrité par ses proches									
Se dire sans cesse qu'*il faut tenir*									
Avoir perdu toute confiance en soi									
Être fatigué dès le matin									
Ne penser qu'à la fin de la journée									
Se dire : j'ai raté ma vie professionnelle									
Culpabiliser de ne pas arriver à faire tout ce qui vous est demandé									
Vouloir être apprécié par ses responsables et ses collègues, malgré un rendement faible									

• • •

• • •	Faibles	Moyens	Élevés
Se sentir en alerte maximale et sur la défensive			
Douter de ses capacités de plus en plus			
Être fatigué rien que de penser au travail			
Être énervé de plus en plus souvent par ses collègues			
Penser au week-end, dès le lundi			
Se rendre au travail avec de plus en plus de difficultés			
Calculez vos scores	Faibles	Moyens	Élevés ....

Dessinez votre profil actuel : Rejoignez d'un trait noir les croix décrivant votre état actuel.

Analysez votre profil actuel :

Plus le profil est à *gauche*, moins l'épuisement professionnel vous concerne.

Plus le profil est à *droite*, plus les symptômes d'épuisement professionnel sont présents. *Attention*, un symptôme ne suffit pas à diagnostiquer un problème de *burnout*, car ce dernier combine plusieurs symptômes à des degrés élevés.

Épuisement professionnel actuel ou ancien ?

2. Évaluez votre état quand vous avez débuté votre activité professionnelle en inscrivant un cercle [O] dans le questionnaire ci-dessus.

Dessinez votre profil antérieur : Rejoignez d'un trait bleu vos réponses entourées [O].

Comparez vos deux profils : Des écarts de deux points, entre votre profil antérieur [X] et votre profil actuel [O], vous alertent sur l'urgence à vous occuper de vous, car vous êtes dans la zone à risques. Tout traitement du *burnout* commence par une reconnaissance de sa présence et de son intensité.

Attention, les salariés épuisés consultent souvent trop tard. Les symptômes psychologiques (anxiété, dépression, doute, mauvaise estime de soi) ou les affections physiques (fatigue, troubles psychosomatiques), installés depuis longtemps rendent le quotidien insupportable. N'attendez pas qu'ils deviennent tels qu'ils vous obligent à un arrêt de travail ou qu'ils donnent naissance à un état dépressif. Il est judicieux de savoir s'arrêter à temps.

Le trépied du *burnout* : épuisement, déshumanisation, échec

Le *burnout* se caractérise par l'*épuisement émotionnel,* la *dépersonnalisation*, l'*échec de l'accomplissement personnel*. Ces signes caractéristiques ont été découverts par Christina Maslach, chercheuse américaine en psychologie sociale.

L'épuisement émotionnel

La personne n'a plus d'énergie, elle se sent *vidée*. En fait, elle ressent un profond sentiment de fatigue émotionnelle et physique marquée par la hantise de devoir aller au travail. Le repos n'apporte pas l'amélioration espérée. Chaque nouvelle journée de travail est vécue comme un calvaire qu'il faut pourtant supporter. La personne éprouve des difficultés importantes à entrer en relation émotionnelle avec les autres, les proches, l'entourage familial ou l'environnement professionnel. Ce qui frappe au premier abord, chez certains individus épuisés, c'est l'impression de froideur, d'hypercontrôle.

La dépersonnalisation

Elle représente la dimension interpersonnelle du *burnout*. Elle renvoie à des attitudes impersonnelles, négatives, détachées, cyniques, méprisantes envers les personnes dont on a la charge ou la responsabilité : les élèves pour les enseignants, les malades pour les soignants, les clients pour les commerciaux, etc. La déshumanisation est diagnostiquée quand la personne devient négative envers ses collègues, ses clients ou ses patients. Ils sont perçus comme des éléments qui dérangent, ennuient, dont on se passerait volontiers, ce qui fait dire à certains enseignants : « L'enseignement, c'est bien, mais sans les élèves », aux commerciaux : « Ah, si je pouvais vendre mes produits sans avoir à supporter mes clients », aux personnels soignants : « Mes patients m'énervent et je ne les supporte plus. » L'infirmière parle de l'appendicite de la chambre 13 et dépersonnalise la relation soignante en édifiant une barrière protectrice.

La dépersonnalisation peut prendre des formes très dures et s'exprimer à travers des actes de maltraitance, de stigmatisation, de rejet, etc. Les soignants invoquent des arguments relevant de la science médicale, les juristes des arguments relevant du droit, et les enseignants invoquent l'autorité pédagogique. Chaque professionnel rationalise sa pratique à sa guise, à l'aide de la science, de la pédagogie, de la loi, des règlements administratifs, etc.

À ce stade, la dépersonnalisation joue un rôle positif, protecteur, car elle permet à la personne de se distancier psychologiquement de ses clients ou de ses patients dans le but de se protéger des effets négatifs de l'épuisement émotionnel dont elle est victime. À l'inverse, la dépersonnalisation joue un rôle négatif quand l'accomplissement personnel se réduit à l'extrême.

L'échec de l'accomplissement personnel

La dévalorisation de ses compétences et de son travail est la troisième caractéristique du *burnout*. Un fort sentiment d'échec personnel, la croyance que les objectifs ne sont pas atteints, la diminution de l'estime de soi et du sentiment d'autoefficacité, la frustration au travail dominent.

La personne a une vision très négative de sa vie professionnelle et personnelle qui apparaît comme un échec total. Elle pense avoir tout raté, aussi bien sa vie privée que son travail. Ce sentiment d'échec profond évoque fortement un état dépressif. Les idéaux qui présidaient au début de la carrière sont déçus, les illusions s'évanouissent, laissant la personne devant le gouffre vertigineux de la réalité et de son for intérieur. La culpabilité et la démotivation l'entraînent dans le cercle vicieux de l'absentéisme et du désinvestissement.

Paradoxalement, certains salariés touchés par le *burnout* accélèrent leur rythme de travail avec une absence d'efficacité manifeste qui alimente la démotivation. D'autres salariés se fixent de nouveaux objectifs comme de rechercher un nouveau travail pour stopper cette course sans fin, où existe le risque d'un arrêt brutal (maladie, dépression, accident).

La spirale du désinvestissement professionnel est très difficile à stopper. Il est impératif de se faire aider par un psychologue spécialisé dans la prise en charge de la souffrance au travail.

> Jean travaille dans un bureau d'études publicitaires et ne dispose ni d'un bureau ni d'un espace suffisant pour pouvoir se concentrer, réfléchir, créer. L'environnement est terriblement bruyant du fait d'appels téléphoniques incessants, des conversations des collègues, des déplacements. Or il a l'obligation de créer, de créer vite et bien, car le client est dans l'urgence. Dans ce cas, la demande est paradoxale et intenable. Premièrement, Jean travaille dans un environnement professionnel peu propice à la créativité ; deuxièmement, il est soumis à une pression émotionnelle majeure à cause de la contrainte de rentabilité. Il se trouve dans une logique d'échec assuré, car il se rend de plus en plus compte qu'il n'y arrive pas, malgré ses efforts décuplés. Une spirale infernale s'enclenche : toujours plus de travail exigé, toujours plus d'efforts et de sacrifices pour tenir mais des ressources disponibles insuffisantes en termes de temps, de considération, de matériel, d'aide, de soutien, etc.
>
> Un jour, Jean comprend que rien ne changera jamais, il est de plus en plus accablé par sa situation. Au fur et à mesure du processus de *burnout*, se développe un phénomène insidieux d'isolement par rapport à ses collègues. Au début, Jean s'isole par souci de protection devant la pression exercée par les supérieurs qui exigent toujours plus. Il tente de se protéger et « sauve sa peau » en s'isolant. Mais un tel retrait peut être interprété comme une rupture ou une trahison par les collègues. Les remarques fusent : « Alors on part plus tôt » ou : « Tu ne déjeunes plus avec nous. » Le groupe rejette celui qui a remis en question les horaires illimités. Ce rejet augmente la culpabilité et la souffrance de Jean, épuisé.

La personne est totalement submergée par ses préoccupations professionnelles au point de ne plus pouvoir vivre en dehors de son travail qui l'envahit jusqu'à l'anéantir. L'activité professionnelle devient alors, non plus un secteur de la vie, mais la vie tout entière : la personne n'arrive plus à vivre la vie qu'elle désire mener.

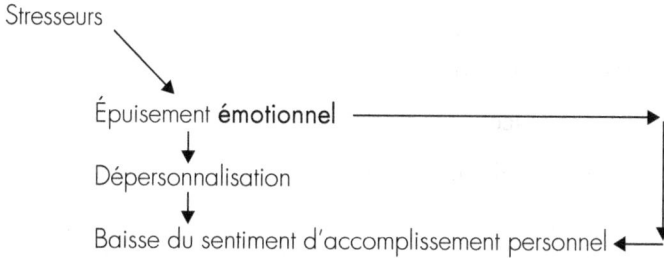

Stresseurs

Épuisement émotionnel ⟶

Dépersonnalisation

Baisse du sentiment d'accomplissement personnel ⟵

Figure 5 — Schéma du *burnout* (d'après le modèle tridimensionnel du *burnout* de Maslach et Jackson[1])

Le *burnout* démarre avec l'épuisement émotionnel. Celui-ci entraîne la dépersonnalisation. L'épuisement émotionnel réduit l'accomplissement personnel, soit directement, soit à travers la dépersonnalisation. Ces trois dimensions sont évaluées à l'aide du questionnaire de Maslach[2].

Les manifestations du *burnout*

L'épuisement professionnel se manifeste sur le plan mental ou cognitif (inquiétude) et sur le plan émotionnel, corporel et neurobiologique.

Questionnaire : Souffrez-vous d'épuisement professionnel (2) ?

Notez votre désaccord (0) ou votre accord (10) pour chaque proposition suivante. Mettez une croix [X] dans la case correspondante.

---

1. Maslach C., Jackson S.E., « The measurement of experienced burnout », *Journal of Occupational Behavior*, 1981.
2. Maslach C., Jackson S.E., *Maslach Burnout Inventory*, Palo Alto (CA), Consulting Press, 1996.

	0	1	2	3	4	5	6	7	8	9	10
1. Je souffre de troubles du sommeil											
2. J'ai des difficultés d'endormissement											
3. Je souffre de réveils matinaux sans réussir à me rendormir											
4. J'ai peur des rencontres sociales											
5. J'ai peur de parler en public											
6. Je ressens de la rage											
7. J'éprouve une grande colère											
8. Je sens une immense frustration											
9. Je suis très irritable											
10. Je ressens un désespoir grandissant											
11. Je souffre d'une grande fatigue											
12. Je manque d'énergie											
13. J'ai un sentiment d'épuisement											
14. Je suis tendu											
15. J'ai des douleurs musculaires, articulaires											
16. J'ai des pensées négatives (je suis nul)											
17. Je m'auto-suggère : il faut que je tienne											
18. J'ai des idées d'échec : je n'y arriverai pas											
19. Je me fais des reproches											
20. Je veux être irréprochable											
21. Je déjeune seul											

• • •

22. Je m'isole dans mon bureau										
23. Je me sens agressé par mes collègues										
24. Je fuis mon entourage										
25. J'évite les réunions										
26. Je prends des anxiolytiques										
27. Je bois du café toute la journée										
28. Je fume beaucoup										
29. Je bois trop d'alcool										
30. Je prends des antidépresseurs										

Dessinez votre profil : Rejoignez toutes les croix tracées à l'aide d'un trait continu.

Plus le profil est *à gauche*, moins l'épuisement professionnel vous concerne.

Plus le profil est *à droite*, plus la manifestation de *burnout* est sévère. Identifiez la catégorie où se manifeste votre épuisement professionnel. Pour cela, calculez vos scores.

Calculez vos scores : Additionnez vos scores pour les six manifestations de *burnout* :

ITEMS	CALCULEZ VOS SCORES	ANALYSEZ VOS SCORES
	TOTAL [0-50]	MANIFESTATIONS AU NIVEAU
1 à 5	....	Comportemental
5 à 10	....	Émotionnel
11 à 15	....	Sensations
16 à 20	....	Intellectuel
21 à 25	....	Relationnel
26 à 30	....	Somatique

Analysez vos scores : Ce questionnaire évalue les manifestations de l'épuisement professionnel au niveau du *comportement* (troubles du sommeil, peurs phobiques : peur des rencontres, difficultés à prendre les transports, peur de parler en public), au niveau *émotionnel* (colère, frustration, irritabilité, peine, désespoir, culpabilité, anxiété), des *sensations* (tensions, fatigue, douleurs), au niveau *intellectuel ou cognitif* (pensées négatives : « *je suis nul, je n'y arriverai pas, il faut que je tienne* », des reproches), au niveau *relationnel* (relations conflictuelles avec les collègues, retrait social, isolement), au niveau *somatique* (réponses biologiques, prise de médicaments, consommation d'alcool, de tabac de stimulants divers).

Le repérage des différentes manifestations de l'épuisement professionnel vise à adapter la méthode de traitement :

- des difficultés sur le plan émotionnel appellent des techniques de gestion du stress, telles que la relaxation ou l'hypnose. Des manifestations plus cognitives orientent davantage vers une thérapie cognitive ;
- des manifestations relationnelles sont traitées par des techniques d'affirmation de soi ;
- des symptômes comportementaux orientent vers une thérapie comportementale.

Ces différentes techniques sont exposées dans les chapitres 8 et 9, « Modérer son stress » et « Gérer son stress ».

Les multiples symptômes du *burnout*

La liste des symptômes du *burnout* est longue : cent trente-deux pour certains chercheurs[1]. Toutefois, ils ont tous la particularité d'apparaître chez une personne auparavant en bonne santé.

---

1. Schauffeli W., Enzmann D., *The Burnout Companion to Study and Practice*, Londres, Taylor et Francis, 1998.

Cinq catégories de troubles

Les troubles psychosomatiques

Il s'agit de fatigue, de troubles d'endormissement, d'ulcères, de douleurs musculo-squelettiques (mal de dos), etc. Les personnes souffrant d'épuisement professionnel présentent un rythme cardiaque plus élevé, une élévation du taux de cholestérol, de triglycérides, de l'acide urique, etc. Ces modifications biochimiques exposent les personnes à des risques cardio-vasculaires plus élevés.

Les troubles psychologiques

Il s'agit soit de comportements inhabituels (sensibilité exagérée aux frustrations, irritabilité, colère, crise de larmes chez une personne habituellement stable émotionnellement), soit d'attitudes inhabituelles (méfiance, cynisme, toute-puissance, humour méprisant). L'étude de cent quarante-deux couples dont l'un des membres est policier révèle que le policier en situation de *burnout* se comporte avec ses enfants de manière plus professionnelle[1] que paternelle.

Les conduites à risque

Elles sont dangereuses pour le salarié et pour l'entourage (patients, clients, etc.).

Les attitudes de type défensif

Ce sont des comportements de résistance aux changements, une rigidité envers toute décision nouvelle à prendre, etc.

L'hyperactivité

C'est un pseudo-activisme : quand l'activité démesurée est associée à une inefficacité totale des efforts. Le temps passé au travail est illimité mais les résultats sont inversement proportionnels au temps passé au bureau, à la durée pour traiter des dossiers. La personne fait des efforts considérables pour tenir son poste quitte à consommer de l'alcool, des médicaments. L'apaisement est au rendez-vous mais il est momentané, car la souffrance est temporairement annihilée. La personne est prise dans une spirale infernale, un cercle vicieux, une véritable addiction.

---

1. Truchot D., *Épuisement professionnel et burnout. Concepts, modèles, interventions*, Paris, Dunod, 2004.

Les premiers signes de malaise peuvent être discrets au point que la personne ne leur accorde aucune attention. Pourtant, certaines douleurs ont un sens symbolique manifeste : le dos douloureux, comme si l'on portait le malheur du monde sur son dos, etc. Un état de fatigue s'installe, sans raison apparente, mais souvent associé à la difficulté, de plus en plus marquée, d'avoir des activités de détente. Lorsque le malaise commence à s'installer, se lever pour aller travailler devient de plus en plus pénible.

La personne connaît des troubles du sommeil, une perte ou un surcroît d'appétit, des douleurs digestives. Ces troubles sont décrits dans les manifestations du stress professionnel. Mais si le stress peut être un moteur positif de l'action quand la personne parvient à surmonter ses difficultés (car il oriente l'action vers une maîtrise de plus en plus grande des activités entreprises), en revanche, dans le *burnout*, l'épuisement est massif, par manque de ressourcement. C'est à cette phase-là que le manager doit intervenir : « L'être humain est une machine complexe qui envoie des signaux quand elle arrive en surchauffe. C'est le rôle des managers de repérer ces signes avant-coureurs[1]. »

Peu à peu la souffrance envahit toutes les sphères de l'être : physique, affective, mentale, existentielle. Au niveau physique, des maladies graves peuvent apparaître ; des accidents du travail ou des accidents de la route sont provoqués par une inattention et une lassitude croissantes. Au niveau affectif, les relations sont de plus en plus difficiles et peuvent déclencher de la violence ou du renoncement. Au niveau intellectuel, l'individu souffre de difficultés de concentration et d'une mémoire de plus en plus défaillante. L'épuisement peut remettre en question l'orientation de la vie et la croyance en son utilité. Le risque d'une évolution vers la chronicité est sérieux.

La chronicité d'une souffrance prend souvent la forme d'une dépression larvée où la personne renonce à tous les plaisirs ou à tous les désirs qui risquent de raviver la souffrance. Une personne souffrant,

---

1. Légeron, *op. cit.*

par exemple, de migraine chronique, renoncera progressivement à la lecture, à sortir, à aller dans des lieux bruyants, enfumés ou lumineux parce que ces lieux ou ces activités exacerbent sa douleur. Elle renoncera progressivement à tout ce qui lui faisait plaisir auparavant, pour éviter toute stimulation excessive, vivant, ainsi, de plus en plus souvent, dans une ambiance confinée.

Le *burnout* selon les professions

Les enseignants

Contrairement à une idée reçue, les enseignants ne souffrent pas plus d'états dépressifs que le reste de la population (9,3 % chez les enseignants contre 9,9 % chez les non-enseignants)[1]. Le *burnout* dans la population enseignante est considéré comme la conséquence de la confrontation des idéaux professionnels avec la réalité du travail. Cette confrontation, la désillusion et le manque de reconnaissance qui en découle, exposent à un risque de souffrance : pour s'en protéger, le meilleur moyen est alors de désinvestir l'objet vers lequel était dirigé l'investissement professionnel et de restreindre ses sentiments ou ses émotions. L'épuisement se manifeste de deux manières différentes : soit l'enseignant atteint de *burnout* s'installe dans une relation teintée de violence avec les élèves, soit il laisse les choses aller de plus en plus, jusqu'au laxisme le plus complet. Dans un cas comme dans l'autre, la situation révèle davantage une difficulté à gérer la relation de manière satisfaisante qu'une réelle volonté de nuire ou de ne rien faire.

Les soignants

Le *burnout* touche 25 % des soignants, 40 % du personnel des services hospitaliers de pédiatrie et 48 % du personnel hospitalier infirmier. Le mythe du soignant parfait, qui hante beaucoup d'entre eux, est relayé par l'institution qui demande toujours plus de dévoue-

---

1. Jaoul G., Kovess V., « Le *burnout* dans la profession enseignante », *Annales médico-psychologiques*, 162, 2004, p. 26-35.

ment et de don de soi, malgré des conditions de travail difficiles. Peu à peu, la personne ressent de la frustration, de la fatigue et de la dévalorisation. La perte de sens du travail aggrave le mal-être des professionnels soignants.

Les médecins

Selon une étude réalisée en Bourgogne, le *burnout* touche la moitié des médecins libéraux bourguignons et un tiers d'entre eux manifeste une déshumanisation dans la relation avec leurs patients[1]. Un médecin sur trois présente des signes de dépression[2] liée principalement à la surcharge de travail. Le Conseil de l'ordre du Vaucluse[3] est particulièrement préoccupé par un nombre important de décès prématurés : onze suicides sur vingt et un décès de confrères en activité.

Dans sa thèse, le docteur Gleizes[4] a étudié les causes du stress des médecins : ces derniers citent les charges financières (82 %), les contraintes administratives (70 %), le téléphone (62,8 %) et la perturbation de la vie privée (56,5 %). L'organisation matérielle est la principale préoccupation alors que l'implication personnelle et professionnelle vient en deuxième position. Selon l'auteur, il est plus aisé d'incriminer les problèmes liés à l'organisation du travail que d'évoquer des difficultés personnelles. Il remarque que le médecin, porté par un fantasme d'invulnérabilité, nie sa fatigue et refuse l'idée même de maladie. D'autres études montrent que la relation avec les patients est le principal facteur déclenchant du *burnout* et ceci de façon plus importante que la surcharge de travail[5].

---

1. D. Truchot, « *Burnout* en Bourgogne des médecins libéraux », www.zedental.com/extrait/*Burnout*/player.html
2. Frederika Van Ingen, « Les médecins malades du stress », *Impact Médecin*, n° 20, 16 décembre 2002.
3. Leopold Y. Conseil de l'ordre du Vaucluse, *INFO Ordinales*, « Les médecins se suicideraient-ils plus que d'autres ? », janvier/février 2003.
4. Dr Gleizes, *Évaluation du stress perçu chez le médecin généraliste et recherche de ses causes, en Haute-Garonne et à Paris,* thèse de médecine, 2002, Toulouse.
5. Truchot D., *Le Quotidien du médecin*, n° 7752, mai 2005.

Le vécu du médecin stressé ou épuisé par la relation quotidienne a cela de spécifique que le praticien a un accès libre aux médicaments : 25 % d'entre eux déclarent consommer des psychotropes, 6 % boire de manière excessive. Une enquête sur le moral des médecins indique que 47 % sont prêts à changer d'activité[1].

Burnout aux différents âges de la vie professionnelle

Contrairement à une idée reçue, l'épuisement professionnel n'augmente pas avec l'âge ou avec l'ancienneté professionnelle. Un pic existe au cours des trois premières années d'activité professionnelle[2]. Chez les jeunes, l'écart entre leurs attentes idéalisées et la réalité quotidienne joue un rôle essentiel dans l'apparition du *burnout*. Au début de la vie professionnelle, l'enthousiasme est élevé mais il peut être déçu. La perte de la passion pour son travail constitue la première étape vers l'épuisement professionnel. Il est suivi par les étapes de stagnation, de frustration et d'apathie[3].

L'enthousiasme

Le salarié débutant ou celui qui débute dans une nouvelle fonction peut idéaliser et surinvestir son travail en lui attribuant une place démesurée. Cet excès d'enthousiasme conduit la personne à se dévouer corps et âme, à se rendre disponible et à développer des attentes irréalistes par rapport à son travail. Elle est toujours prête à en faire plus : plus d'heures de présence, plus de charge de travail, plus d'efforts. Le but conscient ou non est de se prouver et de prouver aux autres qu'elle est bien le professionnel qu'il fallait choisir. La personne s'oublie, ignore ses besoins et le travail est investi de toutes les vertus, c'est la lune de miel. Mais cette période idéale ne dure qu'un temps, la réalité revient en force interroger l'optimisme des premiers temps. L'illusion crée la désillusion.

---

1. Truchot, *op. cit.*, 2004.
2. *Ibid.*
3. Edelwich J., Brodky J., *Burnout : Stages of Desillusionment in the Helping Professions*, New York, Human Sciences Press, 1980 ; Truchot, *op. cit.*, 2004.

La stagnation

L'activité idéalisée perd de sa valeur et des sentiments négatifs tendent à émerger au niveau émotionnel. La personne commence à réaliser que son investissement professionnel exclusif n'est pas totalement gratifiant et elle ressent un certain mécontentement. Elle découvre que le travail n'est pas tout dans la vie et se rend compte que d'autres secteurs de sa vie (sentimentale, relationnelle, loisirs) sont délaissés.

Un désinvestissement des valeurs de départ s'amorce. La dimension stimulante et mobilisatrice s'estompe peu à peu. Ce stade est douloureux, car l'illusion du métier idéal ou salvateur s'effrite. La déception est grande, la rancœur amère, le sentiment d'injustice grandissant, l'attente déçue et le sujet est désabusé. Cette phase a un rôle très important, car elle ouvre la voie à un changement possible, en interrompant l'escalade vers les autres étapes du *burnout*.

La frustration

Ce sentiment se caractérise par un retrait de plus en plus marqué devant les situations problématiques qui prennent une importance accrue. C'est typiquement le stade du débordement, où se manifestent une profonde remise en cause des compétences, une irritabilité marquée, entraînant de l'intolérance vis-à-vis des collègues ou des relations professionnelles.

À ce stade, la personne supporte de moins en moins les sollicitations auxquelles elle doit répondre, elle est de plus en plus irritée par les exigences de son rôle professionnel, qu'il s'agisse d'écouter autrui, de lui accorder du temps, etc.

Le sentiment de frustration est souvent porteur des premiers troubles physiques, somatiques, émotionnels ou comportementaux.

La personne s'interroge sur ses choix, le sens et la valeur qu'elle doit attribuer au travail, qui, par ailleurs procure si peu de reconnaissance, de gratitude. Elle se pose de nombreuses questions : « Ai-je fait le bon choix en exerçant cette profession qui m'a demandé tant de sacrifices, qui ne répond pas à l'idée que j'en avais au départ ? » ; « Je ne suis qu'un pion, sitôt parti je suis remplacé par un contractuel » ; « On peut parfaitement se passer de moi », etc.

Quand le travail est source de déception et de frustration, émerge le cynisme destructeur. La personne n'a plus envie de travailler. L'image dévalorisée d'elle-même la pousse à l'immobilité, à l'apathie.

L'apathie

À ce stade, la personne risque de devenir dépressive, apparemment indifférente à son milieu professionnel, de se moquer de tout. Elle se trouve tellement démunie devant les innombrables frustrations quotidiennes qu'elle semble dépersonnalisée : elle ne se reconnaît plus, ne se comprend plus.

Elle se rend au travail pour faire de la présence. Le retrait, l'absence de réaction dans les situations professionnelles semblent être les solutions qui permettent d'éviter les conflits et les réflexions. Pour se protéger des autres, elle cherche à se faire oublier des collègues qui la jugent et la critiquent. Cette attitude apparaît temporairement protectrice alors qu'elle ne résout rien, car les difficultés subsistent et la situation peut même s'aggraver.

Souvent, quand le syndrome d'épuisement professionnel touche un salarié, l'équipe de travail est susceptible de subir, par rebonds, la contagion du découragement. Dans ce cas, le *burnout* devient un problème collectif.

De nouvelles formes de *burnout*

Aujourd'hui, les professionnels ne sont plus touchés par la forme traditionnelle du *burnout* où la poursuite de buts élevés, socialement significatifs, se heurtait à la résistance d'un environnement de travail qui anéantissait les espoirs professionnels. L'influence des facteurs technologiques, économiques, socioculturels, politiques a redessiné notre cadre de vie et nos conditions de travail. Les changements ayant remodelé notre cadre de travail sont nombreux et les stresseurs qui lui sont associés sont nouveaux qu'il s'agisse de fusions d'entreprises, de délocalisations, de flexibilité, d'externalisation des emplois, de télétravail, de nouvelles technologies de l'information et de la communication, (NTIC), de surveillance électronique, etc.

Le *burnout* se manifeste sous plusieurs formes distinctes, les trois formes les plus fréquentes sont[1] :

- la *forme épuisement* : l'individu confronté à trop de stress et trop peu de gratifications peut réagir de deux manières différentes : il peut soit désinvestir son travail, soit devenir perfectionniste ;
- la *forme frénétique* : l'individu travaille de plus en plus, jusqu'à l'épuisement, dans une quête désespérée de gratifications ou d'accomplissement capables de compenser l'étendue de son stress ;
- la troisième forme touche des professionnels dont les conditions de travail sont monotones et peu stimulantes. Cette forme contraste avec les *burnout frénétique* ou *épuisement*, car elle n'est pas causée par des tensions excessives.

Les causes du *burnout*

Trois facteurs interviennent dans l'épuisement professionnel : l'organisation, l'individu et les relations.

Les causes organisationnelles

L'épuisement professionnel résulte de l'activité professionnelle et du contexte de travail. Les antécédents organisationnels du *burnout* comportent les caractéristiques du travail lui-même et les caractéristiques associées au rôle professionnel :

- les facteurs d'épuisement concernant le *contenu de l'activité* sont les horaires illimités, imprévisibles, la monotonie, la standardisation, l'automatisation, etc. Le processus majeur responsable est ici l'impossibilité pour le professionnel de contrôler son activité ;

---

1. Truchot D., *op. cit.*, 2004, p. 25.

- les facteurs propices à l'épuisement professionnel relevant du *contexte de travail* sont les rôles contradictoires ou confus, l'isolement et le manque de soutien social, le conflit entre vie professionnelle et vie familiale, les mutations technologiques, économiques et politiques, le management par le stress ou la peur.

Tous les éléments participant au climat et à l'ambiance de travail contribuent au *burnout*. Les styles managériaux jouent un rôle essentiel dans la violence sur le lieu de travail. Le système de récompenses est très important dans la mesure où les employés peuvent juger de l'équité et de la loyauté de leur hiérarchie à leur égard. Ils évaluent dans quelle mesure les récompenses sont liées à la qualité des performances et de quelle façon elles sont réparties parmi les salariés.

Mme H., âgée de 40 ans, est directrice de la logistique dans une PME dynamique, où l'ambiance de travail est cordiale. Elle travaille depuis dix ans dans cette entreprise dirigée par le même président. Mais celui-ci a l'opportunité de prendre la tête d'une plus grande entreprise et cède la direction à un nouveau président. Mme H se voit attribuer la responsabilité des achats au niveau international en plus de ses domaines de compétence antérieurs ; elle doit manager de nouveaux personnels. Au départ, elle prend ces nouvelles charges de travail comme un défi à relever. Elle veut se prouver à elle-même qu'elle en est capable. Elle déploie une énergie illimitée, un investissement important. Elle consacre de plus en plus de temps au bureau. Elle renonce à toute activité de loisir. Elle réussit à assumer ces nouveaux rôles professionnels et son rôle de mère de famille mais elle court après le temps en permanence. Pas une minute de répit.
Mme H. tient le rythme. La fatigue s'accumule, les relations avec son mari et ses enfants se dégradent, l'enthousiasme baisse, l'efficacité faiblit, l'inquiétude grandit. Son médecin l'arrête pour quelques jours. Elle reprend le travail avec bonheur. Les dossiers se sont accumulés pendant sa semaine d'absence, la course infernale reprend de plus belle. Au bout de quelques jours de ce rythme, elle sent une immense fatigue, elle pleure pour un rien. Elle reste de plus en plus tard au bureau sans que, pour autant, le traitement des dossiers avance. Subitement, elle souffre de terribles douleurs à l'estomac. Elle consulte de nouveau son médecin qui l'arrête et lui prescrit une interdiction de travailler pendant l'arrêt de travail, des antidépresseurs et parle d'épuisement professionnel.
Lors des premières semaines de coaching, Mme H. ne responsabilise à aucun moment la surcharge de travail. Elle n'est pas consciente de la

mission impossible qu'elle avait acceptée sans moyens supplémentaires pour faire face. Le challenge à relever était son affaire personnelle. En conséquence son échec était le sien. Elle perd toute confiance en elle. Elle se dévalorise. Le travail thérapeutique a porté sur une reconstruction d'une image positive d'elle-même. Mme H a négocié son départ de l'entreprise, a débuté une formation en gestion des ressources humaines en vue de changer d'activités professionnelles.

Cependant, certaines professions sont plus à risque que d'autres : il s'agit, notamment, des activités professionnelles à fortes sollicitations mentales, émotionnelles et affectives ou des métiers à fortes responsabilités vis-à-vis d'autres personnes et des activités où les objectifs sont difficiles, voire impossibles, où il existe un fort déséquilibre entre les tâches à accomplir et les moyens mis en œuvre ainsi qu'une ambiguïté ou un conflit de rôles.

M. D. âgé de 45 ans, a un parcours universitaire d'excellence : ingénieur, sciences politiques, ENA. Il occupe un poste de directeur général dans une entreprise de dimension internationale depuis deux ans. Les responsabilités se diversifient en permanence, les déplacements s'accélèrent, les horaires ne cessent de s'allonger. Mais le travail ne lui fait pas peur et il fait face. Il veut relever le défi. Toutefois, ce rythme de travail acharné ne lui laisse aucun répit, aucune pause, aucune énergie pour une vie extraprofessionnelle, familiale, amicale, affective, etc. Des troubles du sommeil apparaissent et s'aggravent de plus en plus. Il ne dort plus. Il souffre de palpitations cardiaques qui l'amènent à consulter son médecin de famille. Celui-ci l'arrête pour épuisement professionnel et lui conseille de se faire aider par un coach. M. D. prend conscience avec son coach des objectifs irréalistes imposés par la direction du fait d'un manque total de moyens matériels et humains indispensables pour de tels objectifs. Cette pause lui a permis de reconstruire sa vie familiale, de réinvestir des domaines d'activités extraprofessionnelles et d'élaborer un nouveau projet professionnel correspondant mieux à sa personnalité et ses goûts personnels et non plus aux seules attentes parentales qui avaient orienté toute sa carrière.

Les facteurs individuels

Certains traits de personnalité sont plus ou moins propices au *burnout*. Certaines personnes sont plus à risque que d'autres. Il en est ainsi des personnalités ayant des idéaux de performance et de réussite élevés, des individus liant l'estime de soi à leurs performances professionnelles, de ceux qui n'ont pas d'autre centre d'intérêt que leur travail et qui s'y réfugient en fuyant les autres domaines d'épanouissement.

Une tâche supplémentaire à réaliser sera évaluée par un salarié comme un défi à relever et par son collègue comme un piège tendu par son responsable. L'évaluation de l'enjeu varie d'un individu à un autre : quand l'un estime un enjeu positif, l'autre évalue un enjeu négatif. Cette même tâche engendrera une réaction d'enthousiasme chez l'un persuadé d'être capable de relever le défi quand l'autre pensera ne pas avoir les compétences pour faire face à la situation.

Les caractéristiques individuelles agissent sur les capacités de faire face à des exigences professionnelles en termes de ressources que l'individu tente de mobiliser. Certains individus se sentent aptes à contrôler la situation, à chercher de l'aide auprès de collègues tandis que d'autres sont débordés, désespérés.

L'épuisement professionnel tend à être plus élevé chez les femmes qui portent davantage le poids des tâches domestiques et la charge quotidienne des enfants. Elles sont plus touchées par le conflit de rôle famille-travail qui est une source importante de *burnout*. Cette répartition inéquitable du travail domestique non rémunéré augmente le degré de stress quotidien. La Fondation européenne considère que cette double charge a des conséquences néfastes sur la santé des femmes qui travaillent[1]. Les études[2] montrent que l'environnement familial joue un rôle déterminant dans l'apparition du *burnout* : lorsque la vie familiale est source de problèmes, le niveau d'épuisement professionnel augmente significativement quand les tensions

---

1. Fondation européenne, *La Qualité du travail et de l'emploi des femmes : instruments du changement*, Luxembourg, Office des publications officielles des communautés européennes, 2002 ; site : www.euro-found.eu.int
2. Spence P., « *Burnout* Symptoms Amongst Drug and Alcohol Service Employees : Gender Differences in the Interactions Between Work and Home Stressors », *Anxiety, Stress and Coping*, 7, 1994, p. 67-84.

professionnelles s'intensifient. À l'inverse, chez les hommes, le niveau d'épuisement professionnel augmente quand les stresseurs professionnels augmentent mais indépendamment du niveau des stresseurs familiaux.

Les facteurs relationnels

Il s'agit soit de relations difficiles ou de conflits (agressions, violence), soit au contraire d'un manque de relations : solitude, absence de solidarité, soutien social déficient. Les interactions entre clients et professionnels, directes, fréquentes, répétitives contribuent au développement du *burnout* professionnel.

> Le personnel médical a plus d'occasions que les professionnels travaillant dans d'autres secteurs de faire l'expérience d'un stress émotionnel important causé par leur interaction constante avec des personnes malades ou ayant des problèmes, car ces situations sont très chargées en émotions[1].
> Les infirmières qui ont la sensation de donner plus à leurs patients que ce qu'elles reçoivent en retour en termes de gratitude et d'appréciation rapportent des niveaux d'épuisement émotionnel, de dépersonnalisation et de diminution de l'accomplissement personnel très supérieurs à ceux des infirmières qui ne se sentent pas touchées par ce problème.[2]

Prévenir le *burnout*

Une fois le *burnout* reconnu comme la conséquence de différents facteurs et comme un réel danger pour l'entreprise et l'individu, des mesures de prévention individuelles et collectives, professionnelles et psychologiques peuvent être impulsées. Paradoxalement, les efforts de prévention portent principalement sur l'individu et non sur l'environnement professionnel. Chaque catégorie de causes appelle des mesures spécifiques, organisationnelles, individuelles ou relationnelles.

---

1. Maslach C.H., « The Client Role in Staff B*urnout* », *Journal of Social Issues*, 34, 1978, p. 111-124.
2. Van Yperen N.W., Buunk B.P., Schaufeli W.B., « Communal Orientation and the B*urnout* Among Nurses », *Journal of Applied Social Psychology*, 22, 1992, p. 173-189.

Mesures organisationnelles

La prévention organisationnelle est centrée sur les domaines spécifiques à l'environnement professionnel dans lesquels l'interaction entre l'individu et le travail est disharmonieuse. Ces domaines sont au nombre de neuf : la charge de travail, le contrôle, le système de récompense et de reconnaissance ; le support social et cohésion d'équipe ; l'équité au travail et les conflits de valeur, la valeur perçue du travail ; la formation ; les interruptions[1] (*cf.* chapitre 7).

Mesures individuelles

Deux catégories de stratégies de prévention sont centrées sur l'individu :

- les stratégies visant à modifier la relation entretenue par l'individu avec son travail (changement d'habitudes de travail ; utilisation du soutien social disponible au travail et en dehors, développement des techniques de gestion du stress) ;

- les stratégies visant à améliorer les ressources personnelles de l'individu afin de le rendre plus résistant aux effets néfastes du stress présent au travail (adoption d'un style de vie plus décontracté et psychothérapie).

Prévenir le *burnout* uniquement par ces mesures de prévention individuelles présente le risque de renforcer le mythe du *burnout* « associé à l'image de l'individu qui se surpasse » et décrit comme « le prix à payer pour la réussite, insinuant ainsi que seuls les employés consciencieux et dévoués à l'extrême et qui donnent 100 % d'eux-mêmes risquent de faire l'expérience du *burnout*[2] ». De telles valeurs incitent les professionnels à être fiers de leur épuisement physique et

---

1. Guéritault-Chalvin V., Cooper C., « Mieux comprendre le *burnout* professionnel et les nouvelles stratégies de prévention : un compte rendu de la littérature », *Journal de thérapie comportementale et cognitive*, 14. 2. 2004, p. 59-70.
2. MacBride A., « La dépression d'épuisement : phénomène possible ? évitable? », in *Santé mentale au Canada*, vol. 31, n° 1, 1983, p. 2-3.

émotionnel et de leur habileté à endurer la souffrance et la détresse psychologique.

Le *burnout* n'est pas une fatalité : il peut être évité ou diminué si la hiérarchie, dans le cadre d'une organisation humaine du travail qui tient compte des besoins d'évolution des personnes au travail, prend en compte les contraintes professionnelles.

Une étape vers le changement personnel et professionnel

Face au malaise qui grandit de plus en plus, la personne tombe malade et est contrainte d'accepter un arrêt de travail. La maladie l'oblige à faire le point sur elle-même et sur son engagement professionnel. Nombreux sont les salariés qui pensent qu'il s'agit d'une simple fatigue passagère et refusent d'admettre une dimension psychologique à l'épuisement. Or le changement passe par l'étape incontournable de l'acceptation et de la prise de conscience du problème :

- *reconnaître le problème* : c'est le point de départ de la prise de conscience de la nécessité d'initier un changement, une reconversion ou une reconstruction. Ce processus ne peut se mettre en place que si la personne parvient à reconnaître que sa situation est anormale ;

- *prendre de la distance :* l'arrêt du travail permet une mise à distance essentielle sur le plan psychique : l'intérêt et le lien au monde du travail sont temporairement mis de côté. Un décrochage mental s'opère. Le diagnostic d'épuisement professionnel par un médecin aide le salarié à accepter sa souffrance et lui permet de prendre le temps de réfléchir et de faire le point sur sa carrière ;

- *se faire aider* : la mise à distance est propice à la détente émotionnelle, physique et mentale. Les personnes participent à diverses activités culturelles, sociales ou de développement personnel. Se faire aider par un psychologue ou un psychothérapeute est vivement conseillé, car il est difficile de trouver seul des réponses à ses angoisses, sans tourner en rond ou décompenser dans une dépression plus ou moins profonde. Cette période est douloureuse à cause de l'incertitude et du doute qui l'accompagnent, à cause aussi de la remise en question de la priorité des valeurs. Les personnes portent un regard critique sur leur intérêt pour certains engagements antérieurs jugés excessifs. La nouvelle valeur prioritaire concerne la vie personnelle et la nécessité de mettre des limites à l'activité de travail. Les relations et les intérêts personnels deviennent très importants. Une nouvelle hiérarchie des priorités se substitue à la précédente ;

- *s'orienter vers une reconversion* : l'exploration concerne la recherche d'un nouvel emploi qui s'effectue pour certains salariés après l'obtention de bonnes compensations financières au moment d'une transaction et, pour d'autres, sans cette assurance financière. Malheureusement, la flexibilité de l'emploi aujourd'hui restreint le désir de rupture professionnelle. Certaines activités menées de manière bénévole servent parfois de tremplin à un changement professionnel. Pour d'autres, le retour à des valeurs fondatrices, à des plaisirs ou des joies cultivées dans l'enfance ou l'adolescence va servir de point de départ à une reconversion professionnelle. Pour tous, le projet tend à se rapprocher d'une recherche d'expression authentique de soi, dans la vie sociale et de réalisation de soi au sens humaniste[1].

Voici le remarquable témoignage d'espoir de la présidente-directrice générale d'une agence de publicité, Suzanne Peters[2] :

Un soir, elle rentre de son travail mais tombe à terre dans le parking en sortant de sa voiture : des douleurs lombaires aiguës la conduisent à l'hôpital en ambulance. Toutefois, cet intermède hospitalier est vite minimisé. La vie au pas de course reprend ses droits : " Ma vie ressemblait à un tourbillon permanent [...] j'ai vécu quarante ans comme un char d'assaut [...]. » Elle retravaille comme avant : un " bulldozer ". De rhumatologue en rhumatologue, de crise en crise, de rééducation en rééduca-

---

1. Rogers C., *Le Développement de la personne*, Paris, Dunod, 1966.
2. Peters S., Mesters P., *Vaincre l'épuisement professionnel. Toutes les clés pour comprendre le burnout*, Paris, Robert Laffont, 2007.

tion, son corps l'oblige à reconnaître qu'elle n'en peut plus. " Je suis au bout du rouleau. Je n'y arrive plus. Je vais déclarer forfait […]. Le moteur de cette vie professionnelle-là était en fin de course. De turbo pendant des années […] il était devenu diesel avant de tomber en panne. " Elle négocie son départ et se félicite de s'être offert « le plus beau cadeau d'anniversaire de sa vie. Elle avait reconquis sa liberté ». Elle change de vie professionnelle et personnelle ; elle accompagne maintenant les organisations et les professionnels à oser le changement.

Chapitre 6

Le harcèlement moral au travail

Le harcèlement moral au travail partage avec le stress au travail et le *burnout*, le contexte professionnel. En revanche, le harcèlement se différencie radicalement du stress, car les agissements hostiles qui le caractérisent sont inexistants dans le stress. Si le stress est utile, puisqu'il permet de nous adapter et de faire face aux situations stressantes, le harcèlement n'apporte aucun bienfait, car il est une violence psychologique, abusive et tyrannique envers un ou plusieurs collaborateurs (collègues, managers ou subalternes) aux conséquences désastreuses pour l'entreprise, la société et les salariés.

Le stress et le harcèlement moral

Le stress professionnel est fait de pressions, d'envahissement par des tâches multiples. Le travail à flux tendu, la pression de la hiérarchie, les délais de plus en plus courts pour effectuer des tâches de plus en plus exigeantes sont autant de méthodes de management par le stress qui visent une augmentation de la productivité. Dans le stress professionnel, il s'agit d'optimiser les résultats. Lorsque la pression constante est associée au management par la peur, il ouvre la voie au harcèlement. Le stress devient harcèlement quand la personne est l'objet de menace, de malveillance et quand il y a intention de nuire.

Dans le harcèlement, les critiques portent non seulement sur les compétences professionnelles mais aussi sur la personne en visant sa dignité. Les propos sont injurieux, les critiques sont humiliantes, les insultes sont blessantes. Le refus de communication est manifeste et délibéré de la part du ou des harceleurs. Les règles élémentaires de politesse sont bafouées ; aucun bonjour, au revoir, merci, à demain. Dans le harcèlement moral, l'humiliation domine. Le terme « moral » marque l'importance de l'atteinte à la dignité, à l'intégrité, à l'individualité. Il s'agit de blesser psychologiquement la personne, de l'écraser, *d'avoir sa peau*, c'est-à-dire la détruire moralement. L'existence d'autrui est niée.

Au début d'un harcèlement, la personne ciblée a du mal à croire qu'une telle malveillance soit possible, puis les interrogations anxieuses apparaissent : « Qu'est-ce que j'ai fait pour qu'on me fasse ça ? » Ensuite, elle fait des tentatives effrénées pour changer le cours des choses. Plus elle investit le travail, plus le traumatisme causé par le harcèlement est important.

Reconnaître le harcèlement

Des agressions répétées

Le harcèlement moral se caractérise par la *répétition* d'actes négatifs visant à empêcher l'activité professionnelle, à isoler le salarié de ses collègues, à critiquer sa personnalité et son intégrité et à nuire à sa santé physique ou mentale : la répétition dans le temps sert d'élément discriminant essentiel pour différencier un harcèlement de rapports de force courants dans la vie professionnelle.

Selon Leymann[1], des agissements hostiles pendant six mois sont nécessaires pour parler de harcèlement. Toutefois, plusieurs auteurs contestent cette durée semestrielle, car certaines actions négatives sont d'une telle intensité et d'une telle violence que la gravité du harcèlement ne dépend pas du seul critère de durée.

---

1. Leymann, *Mobbing. Persécution au travail* (1996), Paris, Le Seuil, 2002.

Un questionnaire d'évaluation

Aujourd'hui, on dispose d'un questionnaire permettant de savoir si les agissements hostiles sont caractéristiques ou non d'un problème de harcèlement moral au travail. Des médecins du travail ont validé auprès de sept mille six cent quatre-vingt-quatorze salariés français l'inventaire de Leymann qui décrit quarante-cinq situations de violence[1] :

- les situations *les plus fréquentes*, soit plus de 10 %, sont celles où le manager empêche le salarié de s'exprimer. Il est interrompu quand il s'exprime, son travail est critiqué de manière systématique, sa présence est ignorée ; on ne lui adresse plus la parole, on le critique en son absence ;

- les situations *les moins fréquentes*, soit moins de 1 %, sont les actes de violence physique et sexuelle.

Il existe des différences importantes entre les hommes et les femmes. Ainsi, les allusions et les propositions sexuelles sont quatre fois plus fréquentes pour les femmes. À l'inverse, les attaques sur les origines sont plus fréquentes pour les hommes.

La spirale infernale des humiliations

Le harcèlement naît de façon anodine et se propage insidieusement. Les attaques se multiplient et la cible est soumise à des manœuvres hostiles et dégradantes. Le harcèlement est un cercle vicieux, une spirale infernale. En effet, des comportements délibérés de la part de l'agresseur sont destinés à déclencher l'anxiété de la victime, donc du stress, ce qui provoque chez elle, une attitude défensive, elle-même génératrice de nouvelles agressions.

---

1. Niedhammer I., David S., Degioanni S. et coll., « La version française du questionnaire de Leymann sur la violence psychologique au travail : le Leymann Inventory of Psychological Terror (LIPT) », *Revue épidémiologique et de santé publique*, 54, 2007, p. 245-262.

Un processus de destruction psychologique

Le harcèlement est le processus de destruction morale d'une personne visant à l'éliminer, la détruire, l'évincer à des fins économiques (licenciement masqué) ou personnelles. Il peut conduire à la maladie physique ou mentale ou, parfois, au suicide. Leymann, dans son ouvrage *Mobbing. La persécution au travail*, parle de « terrorisme psychologique ». Le *mobbing* y est défini comme une « forme de terrorisme psychologique qui se manifeste par l'enchaînement, sur une assez longue période, de propos ou d'agissements hostiles, exprimés ou manifestés par une ou plusieurs personnes envers une tierce personne (la cible) au travail ».

Le résultat d'une stratégie manipulatrice

Le harcèlement désigne une stratégie complexe, rusée, habile, faite de mensonges, de manipulations, de rumeurs savamment distillées, d'erreurs provoquées, d'ordres contradictoires, de directives floues, d'humiliations publiques. L'objectif de la manipulation est de déstabiliser le salarié, de l'empêcher de mener sa tâche à bien, de le faire douter au point de le faire *craquer*. Les procédés sont d'un raffinement extraordinaire : faire courir des rumeurs sur sa vie privée, l'insulter sans témoins, subtiliser ses affaires, consulter son ordinateur, détourner son courrier, répondre à ses interlocuteurs que le salarié est absent alors qu'il est dans son bureau, etc. La double contrainte est une constante qui s'exprime ainsi : « Soyez ici et là en même temps ». Le harceleur a fréquemment une attitude paradoxale : les insultes sont prononcées d'une voix douce avec le sourire. Un tel traitement ferait craquer au bout de six mois la personne la plus équilibrée. Ce type de stratégie déstabilisatrice et destructrice est d'autant plus efficace que les personnes cibles du harcèlement sont isolées, coupées du groupe et renvoyées à une responsabilité personnelle qui les enferme dans une culpabilité aggravante. L'entourage rationalise et tient souvent les propos suivants : « Elle a bien dû faire quelque chose pour être traitée ainsi ; on n'a que ce qu'on mérite ; elle l'a cherché. » La cible de harcèlement est évitée comme une pestiférée.

Plus les collègues l'évitent et portent un regard accusateur et plus la cible intériorise sa responsabilité, personnalise le problème et culpabilise.

Le harcèlement est une corrida où la mise à mort est programmée. Il est aujourd'hui condamné par le Code du travail : « Aucun salarié ne doit subir les agissements répétés de harcèlement moral [... et qui ont] pour objet ou pour effet de porter atteinte à ses droits et à sa dignité, d'altérer sa santé physique ou mentale ou de compromettre son avenir professionnel[1]. »

Formes multiples de harcèlement au travail

Le harcèlement est conçu comme un processus se situant au niveau du collectif de travail, c'est-à-dire du groupe professionnel où œuvrent à la fois des facteurs organisationnels et des caractéristiques individuelles. Il combine des dimensions psychologiques, sociales, idéologiques, économiques.

Il existe quatre types de harcèlement :

- le harcèlement *institutionnel* participe d'une stratégie de gestion de l'ensemble du personnel. Quand sévit une hiérarchie corrompue ou incompétente, quand menace un plan social rampant, le harcèlement moral au travail peut être mis en scène avec une perversité calculée et raffinée par des responsables de direction, dans le but de se débarrasser de cadres trop compétents, trop brillants, trop bien payés et difficiles à licencier ;

- le harcèlement *professionnel ou stratégique*, organisé à l'encontre d'un ou plusieurs salariés, est destiné à contourner les procédures légales de licenciement ; certaines entreprises utilisent des stratégies pour éreinter certains salariés, les pousser à partir ou leur faire commettre des fautes. Dans ce cas, il s'agit d'un harcèlement pour motif économique ;

---

1. Code du travail, art. L.122-49.

- le harcèlement *transversal* consiste à expulser sur un bouc émissaire la souffrance collective. Le harcèlement révèle souvent un malaise groupal aigu et des dysfonctionnements collectifs sévères. Ainsi, certains groupes désignent un bouc émissaire pour évacuer les tensions entre leurs membres. Il s'agit d'une réconciliation sur le dos d'un tiers. En analyse systémique, cette personne est considérée comme un « intégrateur négatif ». La fonction de cette personne est de réunir contre elle l'agressivité du groupe qui peut ainsi mieux fonctionner après avoir déchargé son agressivité. Dans certains groupes, la fonction d'intégrateur négatif est tenue à tour de rôle. Chaque membre du groupe sait que ce jeu de chaises tournantes risque de voir le choix de la victime se porter sur lui et se réjouit que la victime actuelle soit un autre. Tout son comportement vise à éviter d'attirer la foudre du groupe contre lui. Tout soutien à la cible est vécu comme un risque de devenir la victime ;

- le harcèlement *individuel* est pratiqué dans le but de détruire autrui et de valoriser son propre pouvoir. Les harceleurs installent une relation de domination-soumission et de maîtrise de l'autre. L'exercice du pouvoir devient abus de pouvoir pour manipuler l'autre comme une marionnette, un objet utilisable et jetable à merci.

Les enquêtes montrent que le harcèlement n'est pas le fait d'un individu solitaire. Selon l'enquête de Rouen, la plupart du temps, les harceleurs sont au moins deux dans 80 % des cas, quatre ou plus dans 44 % des cas[1]. Ces données permettent de relativiser la conception individuelle du harcèlement exercé par un pervers narcissique. En conséquence, le harcèlement ne reflète pas toujours la dégradation d'une relation entre deux personnes.

---

1. Viaux J.-L., Bernaud J.-L., « Le harcèlement psychologique au travail : une recherche nationale auprès des victimes », *Pratiques psychologiques*, 4, 2001.

Un phénomène fréquent : quelques chiffres

Au niveau mondial, le Bureau international du travail[1] tire la sonnette d'alarme sur la violence au travail qui augmente dans le monde entier et prend de nouvelles formes telles que les intimidations, les menaces de violence physique, le harcèlement moral (*mobbing*).

En Europe, en 2005, 5 % des travailleurs déclarent avoir été victimes d'actes de violence, de brimades ou de harcèlement sur leur lieu de travail au cours des douze derniers mois[2]. En Europe, les actes de violence physique ont augmenté (6 % en 2005 contre 4 % dans les dix années précédentes). En ce qui concerne le harcèlement moral, des disparités importantes existent puisqu'il atteint 17 % en Finlande, 12 % aux Pays-Bas[3], 2 % en Italie. La France avec un taux de 9 % dépasse le score moyen européen (5 %).

En France, 10,95 % d'hommes et 12,78 % de femmes déclarent être exposés à une situation d'agissements hostiles parmi les quarante-cinq décrites dans le questionnaire de Leymann selon une fréquence d'au moins une fois par semaine et depuis au moins six mois. Ces pourcentages de salariés harcelés doublent si le diagnostic ne repose pas sur une fréquence hebdomadaire et une durée semestrielle (21,84 % d'hommes et 26,81 % de femmes)[4].

Multiples profils de harceleurs

Le chef hiérarchique

Le harcèlement est majoritairement exercé par la hiérarchie, donc, sous une forme verticale descendante (58 % selon Hirigoyen). Or, en

---

1. Bureau international du travail, 15 avril 2006. *L'Évolution des formes de violence dans le monde*, in ANACT, Santé et Travail, Les risques psychosociaux, *www.anact.fr*
2. Fourth European Working Conditions Survey, *Management and Communication Structures*, chap. 8, p. 67-70.
3. Ces données élevées reflètent une plus forte sensibilisation aux problèmes de harcèlement.
4. Niedhammer I., David S., Degioanni S. et coll., *op. cit.*

Europe, le supérieur hiérarchique est majoritairement un homme. En effet, en 2005, seulement 25 % des femmes européennes occupaient un poste de direction[1]. Les pays scandinaves (Finlande, 39 % ; Norvège et Suède, 33 % ; Danemark, 30 %) sont les pays européens où les femmes occupant des postes de direction sont en plus grand nombre.

En France, trois quarts des actifs ont un supérieur hiérarchique masculin contre un quart ayant une femme comme chef. La France dépasse légèrement le taux moyen des vingt-cinq pays européens. Toutefois, quand les femmes occupent un poste de direction, elles dirigent d'autres femmes. En conséquence, moins de 10 % des hommes ont une femme comme supérieure hiérarchique contre 42 % de femmes.

Certaines statistiques suggèrent que le harcèlement est le fait des hommes plus que des femmes. Ceci est erroné, car le harcèlement est principalement hiérarchique. C'est parce que les postes de responsabilité sont davantage occupés par des hommes que le harcèlement est parfois interprété comme masculin.

Un collègue

Le harcèlement par des collègues ou *harcèlement horizontal* existe avec une fréquence de 12 % à 25 %. En revanche, le harcèlement est rarement *vertical ascendant*, c'est-à-dire le fait de subordonnés envers leur supérieur (de 1 % à 5 %). Il est plus souvent *mixte,* c'est-à-dire le fait de collègues et de la hiérarchie conjointement (17 % à 29 %).

Le harceleur narcissique

Un pervers narcissique est un individu qui crée avec un autre individu un lien visant à attaquer l'intégrité de l'autre, son estime de soi, sa confiance en soi et son amour de soi. Le harcèlement n'est pas l'œuvre des seuls pervers, qui sont trop rares pour expliquer la

---

1. Fourth European Working Conditions Survey, *Management and Communication Structures*, chap. 8, p. 67-70.

fréquence du harcèlement. Néanmoins, la relation de harcèlement comporte à la fois une phase de séduction perverse visant à influencer et à mettre sous emprise et une phase de violence perverse dont le but est la destruction et l'anéantissement de l'autre.

L'individu narcissique recherche son reflet dans le regard des autres mais l'autre n'existe pas en tant qu'individu. La relation narcissique a un caractère fondamentalement paradoxal. Le paradoxe, selon Racamier[1], apparaît quand « deux propositions foncièrement incompatibles sont liées ensemble de sorte qu'elles ne peuvent ni se concilier, ni s'opposer face à face, cependant qu'elles se renvoient l'une à l'autre, inséparablement : voilà mis en place un modèle de nouage paradoxal ». Dans le cas du harcèlement sur le lieu de travail, la cible reçoit des demandes contradictoires, incompatibles, incohérentes auxquelles il est impossible de répondre de manière satisfaisante.

Le harceleur sadique

Le sadique recherche une certaine jouissance et son plaisir naît de la domination de son partenaire qui est masochiste. Il jouit de l'instant contrairement au pervers narcissique qui est un stratège. Les relations du sadique avec les autres se structurent autour d'un axe qui lie jouissance et douleur morale. Le comportement qu'il aime le plus faire naître chez l'autre est la culpabilisation. Il sait que la culpabilité rend les êtres faibles, disponibles et serviables, or le sadique cherche un esclave soumis et docile.

Le harceleur envieux

L'envie est le sentiment de colère qu'éprouve un individu quand il craint qu'un autre ne possède quelque chose de désirable et n'en jouisse. L'impulsion envieuse pousse alors la personne à s'emparer de cet objet ou à l'endommager. L'envie implique une relation à une seule personne tandis que la jalousie se fonde sur une relation avec au moins deux autres personnes et concerne principalement l'amour,

---

1. Racamier P.C., *Le Génie des origines. Psychanalyse et psychoses*, Paris, Payot, 1992.

amour qui lui a été ravi ou pourrait l'être par un rival. La jalousie est la crainte de perdre ce qu'on possède, l'envie est la souffrance de voir quelqu'un d'autre posséder ce qu'on désire pour soi-même. Le plaisir d'autrui tourmente l'envieux qui ne se complaît que dans la détresse des autres. Ainsi, tout effort pour satisfaire un envieux demeure stérile. Il est insatiable, toujours insatisfait. Au travail, le bonheur et l'épanouissement d'un collaborateur peuvent déclencher sa rage destructrice. L'envie peut concerner des tout petits riens : un bureau plus clair, une fenêtre, une prime, des faveurs de congé. L'envie est inconsciente mais efficace dans la destruction d'autrui[1] et fait des ravages considérables.

Le harceleur dominateur

Le harcèlement repose sur une emprise exercée par le harceleur sur sa cible. L'emprise est une violence infligée qui porte préjudice à autrui soit par empiétement de son domaine privé ; soit par l'exercice d'un pouvoir dominateur, voire tyrannique dans lequel l'autre se sent contrôlé, manipulé, maintenu dans un état de soumission et de dépendance plus ou moins avancé ; soit par l'inscription d'une trace, l'impression d'une marque[2]. L'emprise tend à la réduction de toute différence, à l'abolition de toute spécificité. Elle vise à ramener l'autre au statut d'objet entièrement assimilable et caractérise les personnalités perverses narcissiques ainsi que les personnalités obsessionnelles. Toutefois, dans la perversion, l'arme de l'emprise est la séduction, à entendre au sens d'une action de conquête. La séduction ne laisse jamais l'autre indifférent qui réagit soit par la rébellion soit par la soumission. Lorsque le dominé résiste à l'emprise, le dominateur mis en échec réagit par le rejet et par la haine.

---

1. Mélanie Klein différencie l'envie et la jalousie dans *Envie et Gratitude,* 1957.
2. Dorey R., « Le désir d'emprise », *Nouvelle Revue de psychanalyse,* 56, 1992, p. 1425-1432.

Le harceleur obsessionnel

La personnalité obsessionnelle exerce son emprise sur l'autre dans le registre du pouvoir et du devoir. L'autre doit agir comme l'obsessionnel l'entend, le veut et le décide. Cette volonté de puissance fait de l'obsessionnel un tyran dont le pouvoir est d'autant plus efficace qu'il l'exerce insidieusement, par le contrôle permanent, par des intrusions répétées qui violent l'intimité de l'autre en brisant les limites de son espace intérieur. Il argumente à l'infini et freine les projets d'autrui. Son but est d'immobiliser le cours des événements. Fixer, figer, pétrifier le vivant, favoriser l'inertie, édifier un monde monolithique où l'autre est englouti. La relation que l'individu obsessionnel établit avec son partenaire se fait sur le mode de la possession-domination ou de la toute-puissance destructrice.

Le harceleur paranoïaque

Certains harceleurs sont de véritables personnalités paranoïaques qui exercent une domination totalitaire, un autoritarisme dictatorial. Les traits de personnalité paranoïaque sont une surestimation et une incapacité totale à douter de soi, une méfiance exacerbée envers autrui, une tendance à accuser l'autre de tous les défauts et à lui attribuer la responsabilité des événements malheureux, une agressivité envers l'entourage, une rigidité pénible pour les collègues, etc.

Le harceleur occasionnel

Certains harceleurs sont les victimes d'un système qui les entraîne à maltraiter les autres : s'ils maltraitent, c'est qu'ils sont eux-mêmes maltraités par le système. Dans le cas de harcèlement institutionnel, les responsables sont davantage des pervers occasionnels que des pervers narcissiques. Dès qu'un terme est mis à la situation, le pervers d'occasion rentre dans le rang.

La peur est un moteur du harcèlement moral. Par peur, on attaque avant d'être attaqué. On agresse l'autre pour se protéger d'un danger, par peur de ne pas être à la hauteur, de ne pas être apprécié, par peur du changement. La peur amène à se méfier de tout le monde, à cacher ses faiblesses de crainte que l'autre n'en profite, à considérer l'autre comme un rival potentiel ou dangereux, à attaquer le premier. Si l'on se sent menacé, on attribue à l'autre des sentiments hostiles, on peut le diaboliser. La peur amène la lâcheté. On se range derrière le harceleur de peur d'être harcelé soi-même à son tour.

Heureusement, certains dirigeants refusent toute pratique de harcèlement, édictent des règles éthiques et condamnent les harceleurs pour préserver une bonne ambiance de travail, un climat de justice propices à la productivité et à la qualité du travail.

Pas de profil de victime

Il n'existe pas de profil de cible de harcèlement. Ce sont les agresseurs et les témoins crédules qui stigmatisent les victimes comme des personnes fragiles ou porteuses d'une pathologie particulière. Toutefois, les cibles sont plus souvent des jeunes que des seniors, des femmes que des hommes.

Il est préférable de parler de cible de harcèlement, car le terme de « victime » sous-entend une personnalité faible qui se soumet ou qu'on soumet. Considérer toute personne cible de harcèlement comme victime-née, c'est considérer l'existence d'une prédisposition individuelle, d'un terrain préexistant.

Le portait-robot de la personne harcelée

Un jeune adulte

La dernière enquête européenne révèle que le harcèlement touche massivement les jeunes professionnels débutants (15-25ans)[1].

Une femme

Les femmes sont les cibles privilégiées du harcèlement. En Europe, le harcèlement touche 6 % des femmes contre 4 % les hommes. En France, les cibles de harcèlement sont à 70 % des femmes[2]. En Europe, les jeunes

➤

---

1. Fourth European Working Conditions Survey: *Violence, Harassment and Discrimination in the Workplace.*
2. Grebot E., *Harcèlement au travail*, Paris, Eyrolles, 2007.

➤

femmes ont un risque très supérieur à leurs collègues âgées de plus de 30 ans. Les travailleuses européennes âgées de 18 ans à 25 ans sont 8 % à être objet de harcèlement.

Une personne différente

Toute personne atypique et différente est plus exposée au harcèlement. En effet, un des éléments déclencheurs du harcèlement est le refus de la différence chez l'autre. Ainsi, le harcèlement est souvent discriminatoire. Les motifs sont divers : ethniques, religieux, politiques, syndicaux, préférences sexuelles.

Les personnes qui résistent au formatage sont des cibles fréquentes du harcèlement : salariés trop honnêtes, trop dynamiques, trop idéalistes.

Un salarié a plus de risque d'être victime de harcèlement s'il vient déranger l'équilibre du groupe ou perturber l'exercice du pouvoir d'un clan.

Un bourreau de travail

Le surinvestissement dans le travail ou le perfectionnisme figurent parmi les facteurs prédictifs du harcèlement. Les personnes compétentes sont exposées au harcèlement, car elles risquent de faire de l'ombre à leur supérieur, qui voudra les rabaisser, les disqualifier, les éloigner, etc.

Pas de harcèlement sans témoin silencieux

Le harcèlement est associé à de nouveaux rapports de travail, caractérisés par l'affaiblissement des collectifs de travail et la déstructuration des solidarités ou des groupes d'appartenance. C. Dejours[1] déplore l'absence de stratégie collective de défense et analyse le harcèlement comme « une pathologie de la solitude avec processus d'isolement par une technique de management favorisant la désolidarisation du collectif de travail ».

La personne cible de harcèlement est souvent seule, ses collègues se désolidarisent. Or tout soutien, toute parole d'encouragement, tout

---

1. Dejours C., *Souffrance en France, la banalisation de l'injustice sociale*, Paris, Le Seuil, 1998.

geste de sympathie valent de l'or pour la personne cible. Le soutien à l'intérieur de l'entreprise ou de l'organisme est fondamental pour venir en aide à une personne harcelée, car l'isolement accentue la honte, l'humiliation, le traumatisme. L'isolement est un facteur aggravant des effets néfastes du harcèlement.

Les conséquences du harcèlement

Le harcèlement a un coût économique, social, médical et psychologique considérable.

Les conséquences économiques

Dans les pays de l'Union européenne, la facture est estimée à 20 milliards d'euros, et à 1 milliard d'euros en France. Les motifs de ce coût exorbitant sont l'absentéisme, les accidents, la perte de productivité, la démotivation, les conflits sociaux, les condamnations pénales. L'enquête européenne sur la violence au travail estime que la violence psychologique contribue à elle seule à faire chuter la productivité de 1 % à 2 %[1].

Le coût du harcèlement : quelques chiffres

Les agissements hostiles peuvent entraîner des arrêts de travail, des inaptitudes temporaires, ou définitives, partielles ou totales.
En Europe[2], l'absentéisme résultant d'un harcèlement moral au travail touche 34 % des salariés. Les travailleurs européens qui sont cibles de harcèlement ont les durées d'arrêt de travail les plus longues et sont surreprésentés dans la catégorie des salariés en congé maladie de plus de soixante jours dans l'année[3].

➤

---

1. Fondation Européenne sur les conditions de vie et les conditions de travail, *Prévention du harcèlement et de la violence sur le lieu de travail*, 2003.
2. Fondation européenne pour l'amélioration des conditions de vie et de travail, 2000.
3. Fourth European Working Conditions Survey, *Violence, Harassment and Discrimination in the Workplace*.

> *En France*, plus de la moitié des salariés harcelés sont en arrêt de travail (57 % des patients consultant un service de maladies professionnelles d'Île-de-France[1] ; 61 % des cas[2] reçus à la consultation « Souffrance et travail » à Nanterre ; 74 % de la population étudiée par Hirigoyen ; 82 % des cas de l'enquête menée auprès de tous les médecins du travail de la région Poitou-Charentes).

Le coût du harcèlement est tel qu'aucun dirigeant n'a intérêt à se désintéresser de ce problème, à moins qu'il ne l'utilise à ses fins.

Les conséquences sur la santé physique et psychique

Les conséquences psychologiques du harcèlement sont l'anxiété, la dépression, les troubles psychosomatiques et l'état de stress post-traumatique.

En Europe, les problèmes de santé liés au harcèlement sont l'irritabilité (34 %), les problèmes de sommeil (30 %), l'anxiété (27 %) et les douleurs d'estomac (19 %).

L'anxiété

Au tout début du harcèlement, quand tout espoir d'en sortir n'est pas perdu, les symptômes sont proches des réactions fonctionnelles aux situations de stress, à savoir la fatigue, les troubles du sommeil, les migraines, les troubles digestifs, les lombalgies auxquelles s'ajoutent un sentiment d'impuissance et un sentiment d'humiliation. À ce stade, dès que la personne est séparée du harceleur, elle récupère très

---

1. Bensefa L., Sandret N., De Claviere C., Descatha A., Pairon J.C., « Harcèlement moral et pronostic professionnel chez 126 patients d'une consultation de pathologie professionnelle », *Archives des maladies professionnelles et de l'environnement*, 65, 2004, 5.
2. De Gasparo C, Grenier-Pezé M., *Étude d'une cohorte clinique de patients harcelés : une approche sociologique quantitative*, Documents pour le médecin du travail, 95, 2003.

vite. En revanche, si le harcèlement se poursuit, l'anxiété des victimes s'amplifie peu à peu et peut entraîner un trouble d'anxiété généralisée, un état de stress post-traumatique ou un état dépressif, troubles pathologiques qui diffèrent fondamentalement du stress.

La dépression

Les états dépressifs sont fréquents chez les personnes cibles de harcèlement moral au travail. 69 % des personnes ayant répondu au questionnaire de Hirigoyen sont concernées par un état dépressif majeur ayant justifié un traitement médical ; un état dépressif modéré touche 7 % des personnes interrogées et un état dépressif léger en touche 24 %. Le risque est le passage à l'acte suicidaire qui est réel dans les cas de harcèlement.

Le stress post-traumatique

D'après l'enquête de Rouen menée auprès des adhérents de l'Association nationale de victimes de harcèlement psychologique au travail, neuf cibles de harcèlement moral au travail sur dix présentent un état de stress post-traumatique. Les personnes ayant subi un harcèlement psychologique sur le lieu de travail développent quasiment toutes des réactions psychotraumatiques : reviviscences (96 %), évitement (85 %), hyperactivité (73 %) et souffrance significative (57 %)[1]. Ces symptômes sont très invalidants.

L. Crocq[2], psychiatre spécialiste de victimologie en France, considère que les harcelés sont des victimes psychiques qui, comme des victimes de guerre, ont été placées dans un état de siège virtuel qui les a obligées en permanence à être sur la défensive. Ces personnes, suite à une agression physique, psychique ou autre préjudice, ont présenté une altération plus ou moins importante de leur psychisme, immédiate ou différée, transitoire ou durable.

---

1. Viaux J.-L., « Harcèlement et psychotraumatisme », *Stress et trauma*, 4, 3, 2004.
2. Crocq L., « Les victimes psychiques », *Victimologie*, 1, 1994, p. 25-33 et *Les Traumatismes psychiques de guerre*, Paris, Odile Jacob, 1999.

Ainsi le harcèlement provoque des microtraumatismes, qui, par leur caractère répétitif et insistant, finissent par éroder la cible. Le traumatisme naît de la répétition, de l'accumulation des brimades, plus que de la survenue d'un épisode traumatique unique et intense. Ce sont ces caractéristiques qui engendrent le sentiment d'impuissance, la perte d'estime de soi, etc., qui peuvent conduire au suicide.

Les remèdes

Les remèdes juridiques

En Europe, en 2007[1], les partenaires sociaux ont signé un accord-cadre autonome afin de lutter contre le harcèlement et la violence au travail. Le texte engage les membres des parties signataires à combattre tout comportement inacceptable pouvant conduire au harcèlement et à la violence sur le lieu de travail.

Cet accord condamne fermement le harcèlement et la violence sous toutes leurs formes et prévoit une méthode de prévention, d'identification et de gestion des problèmes de harcèlement et de violence au travail. Il oblige les entreprises à déclarer clairement que le harcèlement et la violence sur le lieu de travail ne sont pas tolérés, et spécifie la procédure à suivre en cas de problèmes. Il reconnaît que la responsabilité consistant à déterminer, examiner et surveiller les mesures appropriées incombe à l'employeur, en consultation avec les travailleurs et/ou leurs représentants.

En France, le harcèlement est condamné par la loi depuis le 17 janvier 2002 : « Aucun salarié ne doit subir les agissements répétés de harcèlement moral qui ont pour objet ou pour effet une dégradation des conditions de travail susceptible de porter atteinte à ses droits et à sa dignité, d'altérer sa santé physique ou mentale ou de compromettre son avenir professionnel[2]. »

---

1. Agence nationale pour l'amélioration des conditions de travail : www.anact.fr
2. Code du travail, art L. 122-49, al. 1er.

Celle-ci impose à l'employeur une obligation de prévention[1] : « Il appartient au chef d'entreprise de prendre toutes dispositions nécessaires en vue de prévenir les agissements visés à l'article L. 122-49. »

Elle condamne le harcèlement à des peines de prison et des amendes : « Le fait de harceler autrui par des agissements répétés [...] est puni d'un an d'emprisonnement et de 15 000 euros d'amende[2]. »

Les remèdes psychologiques

Sur le plan personnel, la personne cible peut consulter un psychologue spécialisé dans les problèmes de harcèlement qui l'aidera à verbaliser la souffrance, véritable antidote au conflit, à se distancer de l'emprise, à gérer son anxiété et à prendre la décision de se battre en restant ou de partir.

L'auteur de cet ouvrage[3] a développé et testé des techniques psychologiques permettant à la cible de se distancier de l'emprise du harceleur en ne lui donnant aucune prise. Celle-ci doit lui offrir une façade lisse sur laquelle il glissera jusqu'à perdre l'équilibre et à lâcher prise.

Concrètement, ce travail de désemprise consiste, *sur le plan verbal*, à ne livrer aucune information. Le harceleur ainsi privé d'informations peut moins facilement faire circuler des rumeurs.

Sur le *plan comportemental*, la cible impose une distance corporelle. Le harcèlement est un type d'agression qui cherche à empiéter sur le territoire psychique de l'autre. Confronté à l'empiétement de son territoire corporel, il faut repousser l'occupant et, parfois, ériger un mur infranchissable. L'érection d'une barrière corporelle peut consister en gestes qui signifient au harceleur : « Stop : interdiction de passer ». Par exemple, en réunion, la cible évite de se positionner en face du harceleur de façon à se protéger de son emprise visuelle.

---

1. Code du travail, art. L. 122-51.
2. Code pénal, article 222-33-2.
3. Grebot E., « Un cas de harcèlement moral au travail : approche transactionnelle », *Annales médico-psychologiques*, 164, 2006, p. 590-595.

Sur le *plan professionnel*, la prise de distance consiste à s'autonomiser au maximum et à ne rien demander au harceleur. Ignorer le harceleur est la meilleure façon de se libérer de son emprise. Il se peut que cette prise de distance suscite chez lui colère et rage, car son besoin d'emprise est frustré et psychiquement intolérable. Le pervers ne connaît que ce mode de fonctionnement psychique. Il ne faut avoir aucune illusion quant à un changement spontané d'attitude chez un harceleur ou à une remise en question chez un pervers. Si la prise de distance suscite une réaction violente, il faut apprendre à se comporter comme un roseau pendant la tempête qui plie au vent et se redresse lorsque le vent cesse.

Le roseau est l'illustration métaphorique du processus de restauration psychique : certes, le harcèlement est une situation inhabituelle qui crée des effets néfastes, préjudiciables mais la disparition des conditions négatives entraîne une restauration de l'état normal initial. Les techniques de relaxation ou d'hypnose sont très efficaces dans la problématique du harcèlement (*cf.* le chapitre 9). En hypnose, le travail repose sur l'utilisation des métaphores

Par exemple, l'*escrime* permet de métaphoriser un combat plus équitable que celui entre l'araignée et sa proie. Les personnes cibles de harcèlement comparent souvent leur situation à celle d'un insecte victime d'une *araignée qui a tissé sa toile*. Cette comparaison illustre bien la situation sans issue dans laquelle se trouve la cible. L'*escalade* est utilisée par certaines personnes pour comparer l'épreuve du harcèlement à une performance d'escalade : dans ce cas, la moindre prise doit être éliminée.

À chacun de choisir sa métaphore pour illustrer la situation et les voies de libération et de désemprise. Dans tous les cas, on combat mieux si l'on connaît le mode de fonctionnement psychologique de son adversaire.

Les remèdes organisationnels

Sur le plan institutionnel, une personne cible de harcèlement peut exercer son droit d'expression, porter plainte, etc. En osant s'exprimer, elle refuse le non-dit si caractéristique des procédés pervers. Nommer la manipulation, c'est mettre une limite morale en affirmant que « cela ne se fait pas ». Il est conseillé d'avertir le chef d'entreprise, son représentant, les délégués du personnel, la direction des ressources humaines. Il faut, dans un premier temps, signaler le dysfonctionnement oralement, puis si cela ne change rien, écrire aux responsables en mentionnant qu'il s'agit du droit d'expression. Tous les partenaires professionnels (délégués du personnel, représentants syndicaux, médecins du travail, inspecteur du travail, etc.) doivent être sollicités puisque le harcèlement relève de facteurs organisationnels, juridiques, sociaux, psychologiques, médicaux, etc.

Une approche pluridisciplinaire

De nombreux services accueillant les salariés souffrant de maladies professionnelles ont développé une prise en charge collective interdisciplinaire où les différents acteurs intervenants mettent en commun leurs savoir-faire. Ainsi, le patient est inséré dans un collectif thérapeutique qui rompt son isolement.

Les associations d'aide aux cibles de harcèlement moral

Plusieurs associations aident les cibles à lutter contre le harcèlement moral au travail, apportent un soutien juridique et psychologique aux cibles de harcèlement :
– Association contre le harcèlement professionnel (achp@free.fr) ;
– Association Harcèlement Moral Stop (www.hmstop.com) ;
– Association Mots pour maux au travail (motspourmaux@wanadoo.fr) ;
– Association nationale des victimes de harcèlement psychologique au travail (ANVHPT, Tél. : 04 90 93 42 75) ;
– Association SOS-harcèlement moral (www.sosharcelementmoral.free) ;
– Association SOS Harcèlement professionnel (SOSHP) ;
– Solidarité Souffrance au Travail (http://asso-sst.net/NosPermanences.htm) ;
– Association contre le harcèlement (Contre-le-harcelement@wanadoo.fr).
Il existe aussi des associations de professionnels : psychologues, psychothérapeutes, médecins du travail, juristes impliqués dans le traitement et la prévention de la souffrance psychologique au travail.

Testez vos connaissances

Répondez Vrai ou Faux en mettant une croix [X] dans la case correspondante.

	VRAI	FAUX
1. L'employeur a une obligation de prévention du harcèlement		
2. Le *burnout* est un stress temporaire		
3. La victime de harcèlement est une victime née		
4. Le stress chronique peut conduire au *burnout*		
5. L'anhédonie est synonyme d'hédonisme		
6. Inciter régulièrement une personne à démissionner c'est du harcèlement		
7. Le harcèlement est l'œuvre des pervers		
8. Le stress peut ouvrir la voie au harcèlement		
9. Il suffit de volonté pour sortir de harcèlement ou de *burnout*		
10. Le harcèlement moral est un délit		
11. N'importe qui peut être une cible de harcèlement		
12. Les professionnels débutants sont épargnés par le *burnout*		
13. Le harceleur agit seul		
14. Le harcèlement touche souvent les salariés quadragénaires		
15. Le harceleur est plus souvent une femme occupant un rang hiérarchique		
16. Le management par le stress est productif		
17. Le harcèlement touche plus les professionnels âgés		
18. Les jeunes sont peu enclins au *burnout*		

• • •

	Vrai	Faux
19. Le stress coûte plusieurs millions d'euros en France		
20. Le suicide ne peut pas être dû uniquement au travail		

Réponses : 1 : Vrai - 2 : Faux - 3 : Faux - 4 : Vrai - 5 : Faux - 6 : Vrai - 7 : Faux - 8 : Vrai - 9 : Faux - 10 : Vrai - 11 : Vrai - 12 : Faux - 13 : Faux - 14 : Vrai - 15 : Faux - 16 : Faux - 17 : Vrai - 18 : Faux - 19 : Vrai - 20 : Faux.

PARTIE 3

COMMENT PRÉVENIR ET GUÉRIR LE STRESS ?

Les partenaires sociaux européens ont signé un accord sur le stress au travail en 2004[1], complété par un accord-cadre sur le harcèlement et la violence au travail, en avril 2007[2]. Ces rapports relèvent le paradoxe entre les manifestations individuelles du stress et le caractère collectif de ses causes et de ses effets. En conséquence, la prévention exige la prise en considération des facteurs organisationnels et individuels qui interagissent en permanence et la mobilisation de tous les acteurs.

---

1. Fondation européenne sur les conditions de travail : quatrième enquête européenne sur les conditions de travail, *www.eurofound.europa.eu/eiro/2004*
2. Les organisations patronales (Business-Europe, UEAPME, CEEP) et la confédération européenne des syndicats (CES) ont signé, après dix mois de négociations, un accord condamnant fermement toutes les formes de harcèlement et de violence au travail. ANACT : *www.anact.fr.Santé et Travail*

Trois types d'interventions sont préconisés par l'Agence européenne sur les conditions de travail :

— les actions organisationnelles s'attaquent aux causes du stress au travail, visent des changements dans la structure de l'institution et ciblent les facteurs physiques et environnementaux ;

— les mesures individuelles cherchent à augmenter la capacité de l'individu à résister au stress ;

— les actions, au niveau de l'interface individu-organisation, sont destinées à améliorer les relations entre collègues et managers.

La prévention organisationnelle du stress au travail orientée vers l'amélioration de l'organisation et des conditions de travail a des effets durables, alors que les actions individuelles centrées sur le renforcement des résistances de l'individu ont des effets plus ponctuels. « C'est en optimisant l'organisation du travail sur les lieux de travail qu'il sera possible d'améliorer la qualité du travail ainsi que la créativité et l'innovation des salariés, et ainsi d'accroître la productivité[1]. »

---

1. Déclaration des ministres européens de l'Emploi, des Affaires sociales et de la Santé, Helsinki, 6-8 juillet 2006, Quatrième enquête européenne sur les conditions de travail. Fondation européenne sur les conditions de travail.

Chapitre 7

Prévenir le stress dans l'entreprise

La prévention des risques psychosociaux est une obligation selon la législation européenne qui semble plus ou moins appliquée dans les différents pays européens. La France est restée longtemps silencieuse sur les risques du stress professionnel à la différence des pays anglo-saxons et elle doit combler le retard pris par rapport à certains pays européens.

Ce chapitre expose la législation en vigueur concernant les mesures préventives du stress professionnel, les étapes de la prévention des risques psychosociaux au travail et présente les gains d'une politique de prévention pour l'entreprise en termes de productivité, de santé des salariés, d'ambiance de stress.

Le cadre législatif

Une obligation générale de sécurité incombe au chef d'établissement depuis 1991[1], en application de la directive européenne de 1989[2] qui globalise la prévention des risques professionnels. Les accords euro-

---

1. Code du travail, art. L. 230-2.
2. Fourth European Working Conditions Survey, 89/391/EEC, *www.euro-found.europa.eu*

péens sur le stress[1] et sur le harcèlement et la violence au travail insistent sur l'obligation de l'employeur de prendre les mesures préventives concernant les causes individuelles et collectives du stress.

En France, il n'existe pas de réglementation spécifique pour la prévention du stress au travail, ce que déplorent certains syndicats[2], car la France n'a pas traduit dans sa législation l'accord européen, contrairement à certains autres pays (la Belgique, l'Allemagne, le Danemark, la Suède, etc.) : « C'est le déni total, y compris chez les employeurs et les autres syndicats, et l'on nous parlera encore avec des trémolos dans la voix de prévention et de réparation ! Une récente enquête auprès de 150 médecins du travail révèle que la violence dans l'entreprise touche entre 10 et 20 % des personnes, ces dernières faisant trois fois plus de dépressions ensuite[3]. »

Pour autant, l'absence de réglementation particulière relative à un risque spécifique n'induit pas un droit à l'inaction dans la mesure où des prescriptions générales et particulières du Code du travail invitent l'employeur à prendre toutes les mesures qui garantissent la santé mentale des salariés et à agir sur les principales sources de stress.

La prévention

Des principes généraux de prévention[4] imputent au chef d'établissement la responsabilité des mesures à prendre « pour assurer la sécurité physique et mentale des travailleurs de l'établissement [...] ». Ils visent l'adaptation du travail à l'homme, en ce qui concerne la conception des postes de travail, le choix des équipements, des méthodes de travail et de production, en vue de limiter le travail monotone ou cadencé et d'en réduire les effets néfastes. Ils visent

---

1. Fondation européenne sur les conditions de travail : www.eurofound. europa.eu/eiro/2004
2. b.salengro2@cfecgc.fr
3. *Ibid.*
4. Code du travail, art. L. 230-2.

aussi la planification de la prévention en intégrant l'organisation du travail, les conditions de travail, les relations sociales ainsi que les risques liés au harcèlement moral[1].

La prévention du stress au travail peut également s'appuyer sur des réglementations particulières concernant la prévention de certains risques dus au bruit, au travail sur écran, au travail de nuit, et sur les dispositions relatives aux relations de travail (non-discriminations[2]; interdiction du harcèlement moral et obligation de le prévenir[3]). En France, en 2002, la loi de modernisation sociale introduit de nouveaux articles visant le harcèlement moral dans les entreprises[4] et précisant la responsabilité de l'employeur dans la prévention de la santé physique et mentale des salariés dans l'entreprise[5]. Ces différents articles concernent une meilleure prise en compte des risques du travail sur la santé.

Le Code du travail oblige les entreprises à élaborer un document d'évaluation des risques professionnels, y compris psychosociaux. Malheureusement, ce document est souvent une simple formalité administrative : « Lorsque celle-ci est réalisée, cette synthèse est souvent purement formelle[6]. »

Les réglementations françaises du travail concernant l'hygiène et la sécurité ne sont ni plus ni moins contraignantes qu'ailleurs et ne sont pas en cause dans l'ampleur du malaise au travail. En revanche, le problème réside surtout dans le fait que les entreprises qui ne respectent pas les règles ne sont pas sanctionnées. Les entreprises pénalisées représentent seulement 2 % des cas.

---

1. Art. L. 122-49.
2. Art. L. 122-45.
3. Art. L. 122-49 et L. 122-51.
4. Art. L. 1222-49 à L. 122-54.
5. Art. L. 230-2-1.
6. Le Monde.fr, « Des conditions de travail moins stressantes, moins anxiogènes », 8 mai 2007.

Des changements nécessaires et urgents

Les actions à mettre en œuvre dépendent de l'évaluation préalable de chaque situation. Les résultats de certaines enquêtes pointent les problèmes auxquels il est urgent de répondre.

Un dialogue trop rare et peu efficace dans l'entreprise

La communication dans l'entreprise est très développée dans les pays scandinaves contrairement aux autres pays européens[1], particulièrement en France où la culture de la communication est déficiente et inopérante.

> **La communication dans l'entreprise en France : quelques chiffres**
>
> **Peu de communication avec la hiérarchie**
>
> 70 % des salariés scandinaves et néerlandais communiquent avec leurs supérieurs hiérarchiques sur leur performance, entre 50 % et 60 % en Irlande et Grande-Bretagne contre une moyenne de 40 % dans les autres pays européens, dont la France.
>
> Dans les pays scandinaves et les Pays-Bas, plus de 70 % des salariés déclarent être consultés sur l'organisation du travail ou les conditions de travail contre 40 % en France, Allemagne, Italie et Espagne.
>
> **Peu de communication avec les représentants des salariés**
>
> En moyenne, un salarié européen sur cinq déclare avoir discuté avec un délégué du personnel au cours des douze derniers mois, selon l'enquête menée dans vingt-cinq pays européens[2]. Certains pays atteignent une proportion de 30 % (Pays de l'Est, Irlande et Grande-Bretagne) contre 16 % à 19 % dans les pays européens du sud et continentaux. La France se distingue par une faiblesse caractéristique du dialogue social contrairement à d'autres pays européens qui ont une véritable tradition culturelle du dialogue avec les représentants des salariés.

---

1. Fourth European Working Conditions Survey, *Management and Communications Structures*.
2. Pays européens plus la Norvège et la Suisse.

Une culture du dialogue social déficiente

Les enquêtes européennes révèlent un retard de la France en matière de culture du dialogue social et un manque de savoir-faire, car la consultation, lorsqu'elle a lieu, est jugée inefficace par les salariés et défaillante par les directions des ressources humaines. C'est ce que confirment deux enquêtes exposant l'une le point de vue des salariés, l'autre celui des directions des ressources humaines. Les entreprises françaises doivent cesser de nier l'ampleur des risques psychosociaux et s'investir dans leur prévention.

Deux enquêtes significatives

Une enquête auprès des salariés

Une enquête en ligne auprès des lecteurs du *Journal du net management* illustre l'échec du dialogue dans les entreprises françaises selon les salariés. Face à un problème de stress au travail, la majorité des salariés déclare consulter leurs managers et leurs DRH mais sont déçus. En effet, les salariés considèrent qu'il faut parler du stress au travail à son manager direct (86 %) et le consultent dans 72 % des cas. Malheureusement, la discussion est un succès pour seulement 21 % des cas. Les marges de progression de la communication managériale semblent donc importantes et urgentes.

La direction des ressources humaines consultée déçoit également : elle ne répond aux attentes que d'un demandeur sur huit.

En revanche, les médecins du travail, les syndicats et les délégués du personnel sont peu consultés pour des problèmes liés au stress au travail : la majorité des salariés ne consulte pas la médecine du travail (81 %) et la minorité ayant consulté le médecin du travail (19 %) est peu satisfaite. Cette même majorité (85 %) confrontée au stress au travail ne consulte ni les syndicats ni les délégués du personnel et la minorité ayant contacté un représentant syndical ou un délégué du personnel (15 %) est peu satisfaite.

Enquête auprès des DRH

Une enquête auprès des DRH[1] révèle que la quasi-totalité des DRH (99%) considère que le bien-être psychologique des salariés est un enjeu important et que « l'amélioration des pratiques managériales » est clairement

➤

---

1. « La santé au travail, Quels enjeux pour les DRH ? », enquête IFOP, 28 oct. 2007.

identifiée comme le principal moyen d'améliorer ce bien-être, loin devant « la prévention des TMS » ou « la réorganisation des procédures de travail ».

Tous les DRH interrogés considèrent que la promotion du bien-être psychologique des employés est un moyen d'améliorer la productivité ou d'attirer les talents. Ils sont conscients que les problèmes liés aux troubles psychologiques au travail créent de l'absentéisme, des difficultés relationnelles entre collègues et des conflits avec la hiérarchie. Le principal obstacle à la mise en place d'une politique de prévention du mal-être au travail réside dans la difficulté à faire un diagnostic de la situation.

Moins de la moitié des entreprises interrogées (46 %) déclarent disposer d'outils d'information et d'analyse pertinents concernant la santé de leurs salariés.

Alors que la majorité reconnaît l'importance de la prévention des troubles psychologiques au travail, plus de la moitié des entreprises (58 %) déclarent n'avoir pas mis en place des mesures concrètes pour prévenir les situations de mal-être dans l'entreprise. Cette enquête met en évidence une différence entre posture de principe et mise en place effective de mesures.

Ces déclarations de salariés et de directions des ressources humaines reflètent le *désengagement des entreprises françaises* envers le problème du stress professionnel observé par de nombreux partenaires sociaux et certains organismes de recherche. En effet, l'Institut national de recherche et de sécurité (INRS) note la *discrétion* des entreprises face à ce problème. Plusieurs raisons expliquent cette attitude des employeurs français.

Souvent, le stress des salariés est synonyme d'échec ou d'aveu d'échec. Dans ce cas, reconnaître son existence, c'est risquer de mettre en cause l'organisation du travail et les méthodes de management. Il est fréquent d'entendre des managers craindre que des conférences sur le harcèlement produisent du harcèlement. Or la parole met au jour le problème préexistant, elle ne le crée pas.

Les entreprises, les dirigeants et managers se méfient des psychologues qu'ils confondent avec des psychanalystes. Aujourd'hui, une nouvelle génération de psychologues a détrôné les élèves de Freud et pratique des méthodes pragmatiques, concrètes, soucieuses d'efficacité et d'évaluation.

Aux DRH désireux d'estimer l'état de santé des salariés, nous leur indiquons que de nombreux questionnaires psychologiques permettent de mesurer l'état de santé général, les traits de personnalité normale ou pathologique, l'anxiété, l'estime de soi, les troubles anxieux ou dépressifs, le risque suicidaire, etc. Ces outils diagnostiques sont les instruments de travail des psychologues qui ont abandonné les interprétations au profit d'évaluations quantitatives standardisées[1].

De nombreuses entreprises et cabinets se sont positionnés sur la prise en charge du stress au travail en offrant un catalogue de formations aux entreprises. Le suicide de certains salariés sur le lieu de travail a créé parmi eux des chocs traumatiques qui exigent des intervenants qualifiés, des experts en clinique du travail, donc des professionnels ayant mené des études sur le stress professionnel dans le cadre de laboratoires de recherche. Une méthode de formation standard ne peut être une réponse adaptée à un problème aussi sérieux que la souffrance au travail.

Le silence est rompu dans certaines entreprises françaises confrontées à une série de suicides de leurs cadres (EDF, Renault, PSA, etc.). Ces événements dramatiques ont accéléré la prise de conscience nécessaire de la gravité du problème tant au niveau syndical et patronal que politique ; ils ont aussi accéléré l'adoption de mesures préventives urgentes. Toutefois, il est regrettable que la prévention n'ait été envisagée qu'après des passages à l'acte suicidaire.

Les mesures organisationnelles de prévention

Le contexte professionnel joue un rôle déterminant dans les conséquences physiques et psychologiques du stress. La prévention organisationnelle est donc prioritaire. Elle repose sur des actions ciblant

---

1. Grebot, *op. cit.*, 2006, p. 590-595.

neuf domaines spécifiques de l'environnement de travail dans lesquels l'interaction entre l'individu et le travail est dysharmonieuse[1].

La surcharge de travail

La charge de travail est synonyme de productivité pour les entreprises alors que, pour l'individu, elle représente une demande importante de temps, d'effort et d'énergie. Les organisations veulent augmenter leur productivité et poussent leurs employés au-delà de leurs limites en leur faisant accomplir plus, en moins de temps et avec le moins de ressources possibles. Ces conditions de travail épuisent les salariés auxquels on demande d'investir tout leur temps et leur enthousiasme pour rendre l'organisation toujours plus productive. Cette sollicitation croissante risque de détériorer à terme la qualité du travail.

Des remèdes permettent de diminuer la charge de travail : la stabilisation des équipes de travail, la négociation des horaires de travail, la composition équilibrée des équipes en termes de personnel expérimenté et de professionnel débutant, l'achat de matériel, l'ajout de personnel, etc.

Tous les chercheurs, les enseignants, les scientifiques, partis travailler aux États-Unis, au Canada, en Angleterre, témoignent que, dans les pays anglo-saxons, les professionnels consacrent leur temps et leur énergie à leurs activités de recherche et à leurs publications. En effet, les laboratoires ont des ressources en personnel technique et administratif suffisantes, contrairement aux laboratoires français où les directeurs de recherche effectuent toutes sortes d'activités administratives, techniques empêchant l'exercice de leur savoir-faire. Ceci explique partiellement le déclassement des universités françaises au niveau mondial.

Mme S, 38 ans, exerce un travail passionnant à l'hôpital : elle écoute les patients, elle travaille avec les médecins, elle organise le travail de l'équipe d'infirmières et le secrétariat, elle anime des réunions et des sessions de formations, elle participe au fonctionnement de l'hôpital, etc. Pour assumer toutes ces activités, elle ne compte pas son temps, ni son énergie. Au fur et à mesure, ses journées de travail s'allongent, les temps

---

1. Guéritault-Chalvin, *op. cit.*, 2004.

de repos s'écourtent. Mme S fait face, assume, gère les absences de personnel, effectue le travail de secrétariat, pare au plus pressé, etc. Elle fait le maximum pour que son service fonctionne. Le travail l'accapare complètement et l'isole de ses amis, elle ne dort plus la nuit, sa vie conjugale se dégrade, etc. Un jour, épuisée, elle se montre agressive avec une patiente : c'est le signal d'alarme. Elle est au bout du rouleau et comprend qu'elle a besoin de faire une pause. Elle consulte son médecin généraliste qui l'arrête une semaine et lui conseille d'aller parler à un coach, ce qu'elle fait. Elle prolonge son arrêt de travail et quand elle reprend son travail, elle note minutieusement toutes ses activités en vue d'établir son planning journalier. Son emploi hebdomadaire met en évidence une accumulation d'activités professionnelles et une dispersion permanente qui répondent à un manque de personnel soignant et administratif. Elle prend conscience que ses journées de travail consistent principalement à remplacer le personnel absent ou manquant ce qui l'oblige à effectuer son travail en soirée. Elle alerte la direction générale, elle demande du personnel de secrétariat, des vacations de médecins, l'embauche d'infirmiers. Parallèlement, elle se réserve des plages horaires consacrées à la prise en charge des patients, elle s'oblige à prendre le temps d'écouter les malades même s'il faut délaisser d'autres activités. Elle positionne de nouveau le malade au cœur du travail. Mais aucun secrétaire, aucun médecin, aucun infirmier n'est recruté après six mois de lettres à la direction, d'entretiens avec la direction ou les ressources humaines. Mme S décide de chercher un autre emploi. Elle découvre à cette occasion que plusieurs possibilités s'offrent à elle. La difficulté consiste désormais à faire le bon choix. Elle démissionne après avoir signé un nouveau contrat de travail. Elle est ravie d'avoir quitté son ancien travail où rien n'a changé : sa remplaçante est sur le point de démissionner. Elle en conclut qu'à mission impossible, nul n'est tenu.

Le contrôle

Il est primordial, pour l'employé, de sentir qu'il a la possibilité de prendre part aux décisions concernant les tâches et les ressources qui lui sont attribuées. Les mesures organisationnelles visant à réduire l'autonomie des individus diminuent leur implication dans leur travail. Perdre cette impression de contrôle, c'est voir s'éloigner l'occasion de se réaliser et d'innover. Les salariés qui perdent leur enthousiasme et se désengagent de leur travail mettent en péril leur productivité, leur implication.

Accroître l'autonomie décisionnelle consiste à permettre aux salariés de prendre des décisions de façon autonome, de participer aux décisions sur les méthodes de travail, de réviser la définition des rôles, des fonctions et des responsabilités de chacun, d'enrichir les tâches, de proposer la possibilité de choisir son collaborateur, d'organiser des rencontres d'équipe où les collègues discutent de leurs problèmes et proposent des solutions, etc.

Le problème du manque d'informations et de communication est récurrent dans certaines entreprises ou institutions : « On n'est pas informé » ; « On ne communique plus ». Cette problématique si fréquente fait naître un sentiment de frustrations et une forte démotivation chez les salariés qui ne comprennent pas comment se prennent les décisions. N'étant pas consultés, ils ne se sentent pas respectés.

Pour améliorer la communication, l'information doit circuler sur le plan vertical (de la direction au personnel) et sur le plan horizontal (entre les équipes). Elle doit circuler de manière bilatérale (direction-personnel, c'est-à-dire dans les deux sens et pas seulement uniquement de façon unilatérale, c'est-à-dire dans un seul sens, le plus souvent du haut en bas (voir figure 6).

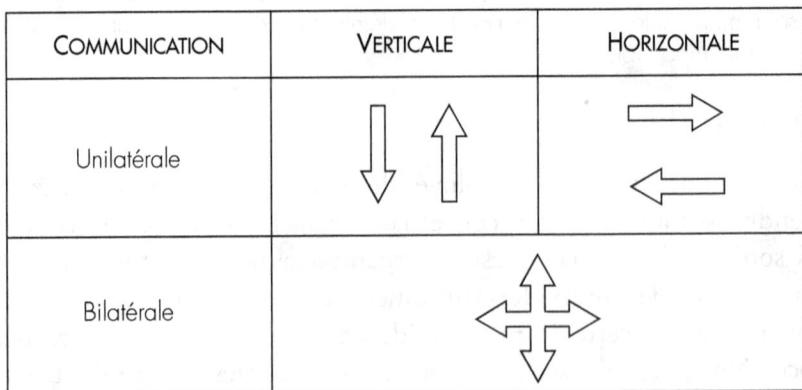

COMMUNICATION	VERTICALE	HORIZONTALE
Unilatérale	⬇⬆	⇨ ⇦
Bilatérale	⇦⬆⇨⬇	

Figure 6 — Circulation de l'information

Cet objectif exige de créer des espaces de paroles et des lieux d'expression où les salariés communiquent, échangent, donnent ou reçoivent l'information. Les réunions d'équipe favorisent une communication de meilleure qualité que les messages électroniques, trop souvent sources de quiproquos, d'interprétations erronées, de conflits qui s'enveniment en l'absence d'une communication réelle, *in vivo*.

Le système de récompenses

Des salariés non récompensés ni reconnus dans leur travail finissent par croire que leurs efforts sont dévalorisés. Un déséquilibre se crée entre les efforts fournis et le manque de reconnaissance. L'enquête de l'Observatoire du travail[1] montre une diminution de cinq points de la reconnaissance entre 2003 et 2006 et analyse ses conséquences sur l'implication au travail : 60 % des salariés se disent correctement reconnus dans leur métier. Ils étaient 65 % en 2003. Le sentiment d'un déficit de reconnaissance au travail connaît une croissance inquiétante, mais, pour l'instant, cette baisse n'affecte pas le taux de satisfaction globale. Pourtant, le risque existe à terme, car la pression du travail est plus mal vécue par des salariés qui s'estiment mal reconnus.

Les individus travaillent dans l'espoir d'avoir plus de reconnaissance, mais aussi plus de prestige et d'argent. Dans l'enquête de l'Observatoire du travail, le salaire est la première des revendications, quelle que soit la catégorie socioprofessionnelle considérée : la rémunération salariale est la priorité professionnelle majeure pour 33 % des interrogés. La conséquence la plus grave d'un système de récompenses mal adapté est la perte de motivation qui rend le travail de moins en moins attractif et contribue grandement au développement du phénomène de *burnout*.

---

1. « L'engagement en questions », *L'Express*, 16 novembre 2006. Sondage réalisé par BVA pour l'observatoire du travail, *L'Express* et Bernard Brunhes Consultants (groupe BPI).

Soutien social et cohésion d'équipe

Les organisations sont principalement concentrées sur la productivité et les bénéfices. Cette attitude tend à fragmenter les relations entre les professionnels et affecte l'esprit d'équipe. Or celui-ci est primordial pour le bon fonctionnement de l'organisation, l'ambiance de travail, le climat de justice et de respect, l'épanouissement des salariés. Or plus les liens sociaux se désintègrent, plus la solitude sévit, plus la démotivation croît et plus la productivité diminue.

• Le soutien social déficient de la part des supérieurs s'exprime par un manque de confiance, des réticences à demander conseil aux responsables hiérarchiques. Pour augmenter le soutien des supérieurs, il est recommandé de multiplier les rencontres individuelles du responsable avec chacun de ses employés qui apprendra ainsi à mieux les connaître, d'augmenter le leadership des salariés intermédiaires. Il est essentiel d'impliquer la direction dans la gestion des cas problématiques, dans l'adoption d'une politique contre la violence physique et le harcèlement au travail qui touche 10 % des salariés français.

• Le soutien social est déficient de la part des collègues : certains salariés ont l'impression de ne pas faire partie d'une équipe, de ne recevoir aucune aide en cas d'urgence, de ne pas pouvoir demander conseil. Pour augmenter le soutien des collègues, il est souhaitable d'organiser des rencontres régulières d'équipes, de favoriser le travail collectif, de développer la stabilité de l'équipe, d'impliquer la direction et les syndicats dans des événements collectifs tels que les départs à la retraite, de développer un sentiment d'appartenance à un groupe solidaire, à travers des projets extra-professionnels (chorale, pratique sportive, etc.).

L'équité au travail

Elle repose sur trois facteurs : la confiance, la franchise et le respect. Une organisation qui valorise le respect mutuel entre salariés favorise les relations fondées sur la confiance et la communication. Le manque d'équité est particulièrement évident lorsque les évaluations internes

166

révèlent une forte inégalité de la charge de travail et des disparités importantes dans les rémunérations. L'absence d'équité risque d'augmenter le déséquilibre entre les efforts fournis et la reconnaissance du travail et du salarié, et, en conséquence, risque d'accroître le mécontentement, la frustration, la démotivation, le mal-être, etc.

Les conflits de valeurs

Ils représentent un problème grave lorsque le décalage se creuse entre les exigences d'une fonction et les valeurs de l'individu. Le conflit éclate lorsque l'incohérence augmente entre la définition d'une mission et les actions prévues ou entreprises pour atteindre l'objectif. Parfois, certains individus se sentent pris au piège dans des actions où la fin justifie les moyens et souffrent du manque total de loyauté de l'organisation.

Dans le monde associatif ou humanitaire, officiellement animé par des valeurs altruistes, la trahison est totale quand éclatent au grand jour des problèmes d'enrichissement personnel ou de placements financiers à perte, pour cause d'incompétence du directeur financier que les dirigeants couvrent. En effet, l'information donnée aux donateurs risquerait de décourager les dons pour la recherche médicale, l'aide sociale, etc.

La Cour des comptes publie des rapports consultables en ligne dénonçant des problèmes de gouvernance dans de grandes associations ou fondations qui n'existent que grâce à l'argent des donateurs. Quelques associations de victimes d'associations caritatives commencent à voir le jour et portent ces dysfonctionnements devant les tribunaux. La lecture des rapports de la Cour des comptes consultables en ligne montre une gestion parfois peu humaine des salariés : tel fut le cas dans cette association où plusieurs directeurs généraux restaient maximum six mois et leurs postes étaient de véritables sièges éjectables. Dans certaines associations, le *turnover* des salariés atteint des pourcentages record. Le monde associatif connaît des statistiques de harcèlement moral élevé qui contraste avec leurs valeurs altruistes ou leurs missions[1].

---

1. Grebot, *op. cit.*, 2007.

La valeur perçue du travail

La possibilité de se réaliser et de s'accomplir au travail et dans sa vie influence la confiance en soi, l'estime de soi, l'image narcissique, etc. Le professionnel qui ne se sent pas utile, qui a l'impression de ne pas contribuer positivement au bon fonctionnement de la société, se sent frustré dans son désir d'accomplissement personnel. Ce type de frustration peut aboutir, à long terme, à éloigner le salarié de son travail et à faire naître un sentiment d'échec caractéristique de l'épuisement professionnel ou *burnout*.

La formation

Le manque de formation appropriée constitue une source de stress importante. Des responsabilités confiées à un individu qui n'a pas les compétences nécessaires créent chez lui un état de stress, car il vit un déséquilibre entre les résultats attendus et les ressources insuffisantes mises à sa disposition. L'angoisse causée par l'absence de formation appropriée est génératrice d'un stress qui peut mener au *burnout*. Toutefois, la prévention des risques au travail ne peut se résumer à une offre de formation relevant d'une prise en charge individuelle et qui laisserait de côté les compétences professionnelles et les insuffisances organisationnelles. Les stages visant à développer le savoir-être tels que les stages de développement personnel ou de gestion du stress ne peuvent se substituer aux formations ciblant le savoir-faire professionnel et réciproquement.

Les interruptions

Il s'agit d'interruptions répétées, fréquentes, incessantes et perturbantes auxquelles l'individu est confronté quotidiennement dans ses activités professionnelles : les appels téléphoniques, la visite inopinée d'un collègue, l'arrivée d'un e-mail urgent... Elles déstabilisent l'individu dont la concentration est constamment perturbée et constituent des facteurs d'usure ouvrant la voie aux symptômes d'épuisement professionnel ou *burnout*.

Préalables à la prévention

Afin de combattre à la source les risques de stress négatif et de pouvoir évaluer les effets bénéfiques et durables des mesures entreprises, toute démarche de prévention du stress au travail exige que certaines conditions soient réunies, clairement explicitées et respectées.

L'entreprise (direction, présidence, CHSCT, etc.) doit s'engager dans une démarche inscrite dans le long terme, afin d'éviter des diagnostics ponctuels sans application concrète, à moins que ce soit une volonté délibérée, comme l'illustre le cas suivant.

Une organisation humanitaire connaît une crise interne sérieuse occasionnant des départs de personnels très qualifiés, des arrêts maladies répétitifs, des conflits incessants, des plaintes de harcèlement, le licenciement de plusieurs personnes jugées un peu trop curieuses. La crise institutionnelle devenue trop bruyante conduit le conseil d'administration à décider d'un audit. Cette décision est positive, car elle illustre une prise de conscience et la reconnaissance du mal-être des salariés et du dysfonctionnement de l'organisation. Toutefois, les bienfaits d'une telle décision sont très compromis, car l'audit est effectué par un membre du conseil d'administration, qui n'offre pas aux salariés une garantie de liberté d'expression, car il est juge et partie, observateur et décideur.

L'audit donne lieu à un rapport qui énonce des vœux pieux tels que « mieux communiquer, améliorer le dialogue, la "collégialité" ». Ces conseils relèvent de l'ironie dans cette organisation où tout le monde identifie clairement l'auteur d'agissements hostiles et le responsable du climat de harcèlement, c'est-à-dire le professionnel capable de manipuler les personnes, l'information et les documents avec un objectif personnel de carrière : gravir tous les échelons de l'organisation pour obtenir un poste de direction. Il a d'ailleurs réussi à se hisser à la tête de l'entreprise après avoir organisé le départ de plusieurs directeurs généraux.

Cet exemple éclaire le cadre global et systémique d'une situation de harcèlement où les agissements hostiles d'un pervers sont autorisés par l'organisation qui les utilise à son profit. Ce cas de figure illustre la nécessité de recourir à des compétences externes si l'on veut que les salariés puissent s'exprimer librement et si l'institution a vraiment l'intention d'identifier les dysfonctionnements et de prendre les mesures visant à les corriger.

La prévention du stress dans l'entreprise impose quelques conditions préalables impératives pour la réussite du projet :

- une culture de la santé et de la sécurité au travail est indispensable : une démarche de prévention du stress au travail dans une entreprise qui ne s'investit pas vraiment risque d'avorter, car la résistance émerge forcément à un moment et stoppe toute amorce de changement ;

- les acteurs de l'entreprise doivent être prêts à remettre en cause leurs modes organisationnels lorsque ceux-ci sont sources de stress ;

- l'ensemble du personnel doit être impliqué sinon la démarche est vouée à l'échec ou sera inefficace ;

- un projet de prévention du stress au travail peut résulter d'une démarche volontaire de l'entreprise ou être suscité par des acteurs de la prévention externes. Un projet d'entreprise peut voir le jour à l'occasion de l'évaluation des risques professionnels, du débat social autour des conditions de travail, de l'apparition de situations préoccupantes (violences du public, troubles physiques, retards, démotivation du personnel, absentéisme). Un projet peut aussi venir de salariés alertés par des dysfonctionnements qui jouent le rôle de signal d'alarme, tels que des actes de harcèlement, des suicides, etc.

Les étapes d'une démarche de prévention du stress

La démarche de prévention du stress doit suivre un certain nombre d'étapes. L'Organisation mondiale de la santé (OMS[1]) représente ces étapes dans la figure 7.

---

1. OMS, *Organisation du travail et stress*, série « Protection de la santé des travailleurs », n°3, 2004 : www.oms

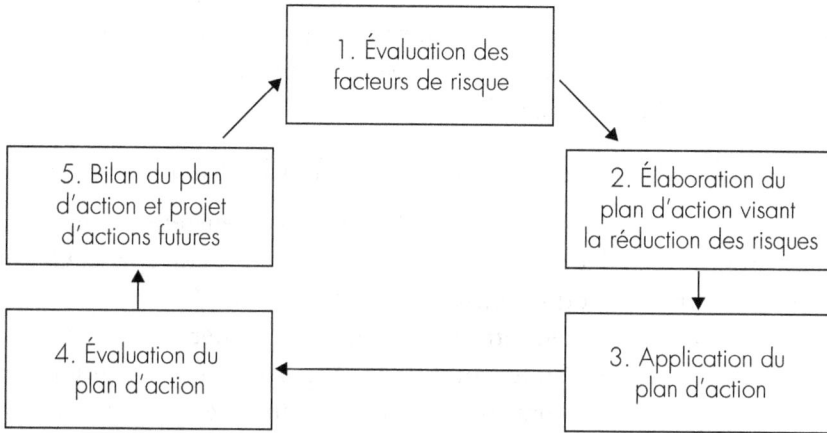

Figure 7 — Le cycle de la gestion du risque d'après l'OMS[1]

L'analyse de la situation et l'évaluation des facteurs de risque

Les données à recueillir portent sur des indicateurs :

- organisationnels (absentéisme, *turnover*, faible respect des horaires, intimidations, grèves, etc.) ;
- de production (quantité, qualité, rebus…) ;
- économiques (cotisations accidents du travail et maladies professionnelles) ;
- de santé (données recueillies par le service de santé au travail). Ces indicateurs sont les facteurs déclencheurs de l'action qui permettra d'évaluer l'efficacité des mesures entreprises.

Le diagnostic de stress s'appuie sur les indicateurs clignotant au rouge. Les méthodes utilisées sont l'observation de l'environnement, l'entretien individuel ou collectif, le groupe de discussion, les questionnaires portant sur les conditions de travail, les inventaires des manifestations de stress et des cas de harcèlement, les questionnaires de santé et de satisfaction au travail.

---

1. OMS, *Organisation du travail et stress, Une bonne gestion passe par la gestion du stress.*

Une fois les sources de stress et les facteurs de risque identifiés et analysés, les résultats sont communiqués aux différents acteurs de l'entreprise. Il est essentiel que ces résultats soient validés et acceptés par tous et traduits en plan d'action.

Élaboration d'un plan d'action visant la réduction des risques

Un groupe projet peut être constitué dans l'entreprise en vue d'élaborer un plan d'action adapté à la situation de l'entreprise. Cette étape doit faire l'objet d'informations sous forme de réunions, etc. Un « groupe projet » créé en interne permet d'impliquer l'ensemble des acteurs de l'entreprise en les informant ; il permet aussi de guider le choix des outils d'explorations, d'aider les intervenants extérieurs dans l'analyse des informations recueillies, de participer à la formulation de pistes d'actions, d'assurer le suivi des actions et de leur évaluation. Le groupe projet doit être représentatif de l'ensemble des salariés concernés par le projet. Les membres de ce groupe doivent être crédibles et respectés par leurs pairs. Ils doivent également avoir des compétences en communication, des aptitudes pour le travail en équipes et bien connaître la structure dans laquelle ils travaillent. Le groupe projet sensibilisé aux méthodes d'investigations spécifiques au stress devient, par sa propre expérience, capable d'expertise et d'autonomie dans la prévention du stress et des risques d'origine psychosociale.

L'entreprise peut aussi décider de recourir à un intervenant extérieur qui permet aux différents acteurs de l'entreprise une liberté d'expression. Il peut appréhender la situation dans un cadre d'analyse plus globale et détecter certains dysfonctionnements latents, car son champ diagnostique est plus large. Toutefois, un intervenant extérieur efficace ne livre pas un produit miracle à un client qui a passé commande mais prend le temps d'analyser en détail la situation-problème, de mettre en place un projet adapté à la situation et évalue l'efficacité du projet. En effet, une action de prévention doit comporter des temps de conception, d'application, de suivi et d'évaluation.

Mise en œuvre du plan d'action

La prévention du stress au travail peut viser la mise en place d'un projet spécifique qui décline les mesures préventives au niveau de l'organisation, du collectif et des individus. Elle intègre l'application des textes réglementaires, elle organise des réponses d'urgence pour les personnes en souffrance qui ont besoin d'être prises en charge sur le plan médical et psychologique. Elle programme les sessions de formation professionnelle et personnelle.

Évaluation de l'action et suivi

Toute démarche implique l'évaluation de son efficacité. Celle-ci a lieu avant, pendant et après le plan d'action. Ces différentes évaluations permettent de réajuster à tout moment la démarche dans une optique d'amélioration continue.

Bilan et perspectives

Toute nouvelle politique de prévention repose sur le bilan des actions antérieures.

Trois types de prévention dans l'entreprise

Selon l'Organisation mondiale de la santé, il existe trois mesures de prévention[1].

La prévention primaire

Elle consiste à agir, en amont, en mettant en place, dans une entreprise ou une organisation, les meilleures conditions de travail possibles. Elle vise à améliorer le contexte de travail avant que les problèmes de santé n'apparaissent. Elle consiste :

- à repérer les sources potentielles de stress ;
- à dépister les groupes de salariés exposés ;
- à mettre en place des actions au niveau collectif ;

---

1. OMS. *Organisation du travail et stress*, *La Prévention du stress au travail*, 2004.

- à réduire certaines contraintes de travail telles que la pression temporelle, la surcharge de travail ;
- à favoriser une plus grande autonomie dans le travail ;
- à améliorer la qualité des relations humaines, en favorisant la communication dans l'entreprise, la participation ;
- à aménager l'environnement matériel, l'espace de travail, les nuisances (bruit, chaleur) ;
- à promouvoir les mesures préventives individuelles (massage, piscine, salle de sports, plages de sieste).

La prévention secondaire

Elle vise à limiter les effets de situations stressantes chez des personnes présentant déjà des symptômes. La prévention secondaire comporte un premier volet qui concerne l'amélioration des postes de travail et de l'environnement matériel pour les salariés se plaignant de problèmes liés au travail et un second volet intégrant des programmes de gestion du stress. Un état de stress survient si une personne est confrontée à une situation qu'elle évalue comme dépassant ses propres ressources. En conséquence, elle peut modifier son évaluation d'une situation jusqu'ici stressante, relativiser son incapacité à y faire face et augmenter ses capacités de maîtrise de ses réactions de stress. Les techniques les plus efficaces sont la relaxation, l'affirmation de soi, les techniques cognitives, développées dans le chapitre 9.

La prévention tertiaire

Elle vise les salariés souffrant de problèmes de santé sérieux et qui ne peuvent plus faire face aux contraintes imposées par le travail. Les mesures de prévention tertiaire visent leur réadaptation après une interruption d'activité.

Sur le *plan individuel*, il s'agit de psychothérapies cognitives particulièrement adaptées aux états anxieux sévères et aux troubles dépressifs. Plusieurs hôpitaux ont développé des consultations pluri-

174

disciplinaires spécialisées dans les maladies professionnelles où les salariés bénéficient d'une aide médicale et psychologique.

Sur le *plan collectif*, il peut s'agir de réunions de *débriefing* efficaces dans certaines situations de tensions et/ou de mesures organisation-nelles telles que des réaménagements de plannings susceptibles de soulager les salariés en difficultés, etc.

Prévention primaire, secondaire ou tertiaire ?

La prévention *primaire* s'avère être, sur le long terme, la plus efficace, pour la santé des salariés et celle de l'entreprise, car elle agit à la source. La prévention primaire du stress au travail orientée vers l'amélioration de l'organisation et des conditions de travail a des effets durables, contrairement aux actions centrées sur le renforce-ment des résistances de l'individu.

La prévention *secondaire* est, à court terme, efficace et moins coûteuse que la prévention tertiaire dont les résultats sont plus longs et aléa-toires.

La prévention *tertiaire* est coûteuse, car elle est souvent associée aux deux autres types de prévention.

Le « bon employeur » selon l'Organisation mondiale de la santé

Un bon employeur est « celui qui conçoit et gère le travail de manière à éviter les facteurs de stress les plus courants et à prévenir autant que possible les problèmes prévisibles[1] ».

La direction d'EDF a annoncé en avril 2007 trois actions phares en matière de prévention des risques psychosociaux[2] : la création d'un observatoire national de la qualité de vie au travail, le renforcement du dispositif éthique de l'entreprise et des mesures visant à favoriser le mana-gement. Ces actions interviennent après le suicide de trois employés en

---

1. *Ibid.*
2. Vincent C., « La direction d'EDF souhaite mieux prévenir les risques psychosociaux », Lemonde.fr, 15 avril 2007.

six mois de la centrale nucléaire de Chinon. Le dernier fut un cadre de 50 ans chargé de la conduite des réacteurs.

Une mission d'écoute et de compréhension a été dépêchée sur place pour recueillir les témoignages des employés, des médecins du travail et des représentants syndicaux. Ces derniers ont soulevé la question de la surcharge de travail et le changement récent de management à la tête de la centrale qui aurait bousculé les habitudes.

Après ce travail d'écoute des salariés et d'analyse, la mission a annoncé la mise en place de mesures concrètes censées tenir compte des problématiques du stress et du harcèlement. Le directeur général délégué aux ressources humaines présente ce projet comme un dispositif pérenne de soutien.

Les salariés ont à leur disposition un numéro vert afin d'encourager la parole et l'expression du mal-être.

En réponse aux attentes de la majorité des employés concernant une plus grande disponibilité de l'encadrement, EDF a décidé d'alléger les mesures administratives accusées par les syndicats d'alourdir le quotidien et d'alimenter le stress. L'objectif est « de favoriser le management de proximité et de faire en sorte que les managers soient plus présents sur le terrain ».

Chapitre 8

Modérer son stress

Certaines techniques visent à modérer les réactions individuelles de stress : changer sa perception des événements, augmenter son sentiment de contrôle, élargir son réseau de soutien social, apprendre de nouvelles stratégies d'ajustement au stress ou coping. Ces médiateurs expliquent environ 10 % de l'état somatique et 40 % de l'état émotionnel ultérieur[1].

Changer sa lecture des événements stressants

> « Ce ne sont pas les événements qui perturbent les hommes, mais l'idée qu'ils s'en font[2]. »

Chacun a sa propre lecture des événements et son interprétation des faits. Certaines personnes voient le verre à moitié plein quand d'autres voient le même verre à moitié vide. La réalité objective est identique puisque les deux individus voient le même verre tandis que leur interprétation subjective est opposée : optimiste pour l'un, pessimiste pour l'autre.

---

1. Bruchon-Schweitzer, *op. cit.*, 2002.
2. Épictète, *Manuel* (Ier siècle après Jésus-Christ).

Aujourd'hui, on sait que la perception que l'individu a d'un événement est plus prédictive des problèmes de santé à venir que la gravité objective du stresseur.

Il s'agit d'abord d'identifier son stress perçu. Une situation stressante produit des réactions individuelles qui diffèrent en fonction de la signification accordée à cet événement. Cette interprétation personnelle est appelée par les spécialistes « stress perçu ». L'évaluation subjective de la situation a plus d'influence que les faits objectifs. En conséquence, il est indispensable d'apprendre à distinguer l'impact subjectif d'une situation, ou stress perçu, et les stresseurs environnementaux objectifs.

Dans les embouteillages, par exemple, certains individus s'impatientent et se mettent en colère tandis que d'autres écoutent de la musique ou apprennent une langue étrangère. Dans le monde professionnel, les horaires, les responsabilités humaines et matérielles, les risques d'accident sont des facteurs objectifs environnementaux et contextuels susceptibles d'être vécus différemment par deux salariés.

Le stress n'est ni un stimulus, ni une réponse. C'est un processus dynamique vécu et interprété par une personne singulière. Face à un stresseur identique, chacun réagit différemment.

Questionnaire : Votre stress perçu actuel

1. Évaluez votre degré de stress pour chacune des situations professionnelles de 0 (zéro) à 10 (maximum). Mettez une croix [X] dans la case correspondant.

VOTRE IMPRESSION DE STRESS APRÈS :	0	1	2	3	4	5	6	7	8	9	10
Un événement inattendu interrompant votre travail											
Un traitement de dossier plus difficile que prévu											
Une tension physique durable											

• • •

Une foule de choses à faire									
De nombreux projets à mener à bien									
Des changements imprévus dans votre travail									
Des petits ennuis professionnels quotidiens répétitifs									
Des responsabilités impromptues									
La nécessité de maîtriser votre énervement									
La responsabilité dans la solution d'un problème professionnel									
Un contretemps dans une négociation									
Un emploi du temps surbooké									
Une conduite de réunion qui vous échappe									
L'évolution défavorable d'une transaction									

Dessinez votre profil actuel : Rejoignez d'un trait continu de couleur noire les croix [X] que vous avez tracées. Elles indiquent votre stress perçu actuel.

Indiquez le degré de stress que vous ressentiez l'an dernier pour chacune des situations professionnelles décrites dans le questionnaire ci-dessus. Inscrivez un cercle [O], dans la case correspondant au degré de stress perçu, il y a un an.

Dessinez votre profil antérieur : Rejoignez d'un trait continu de couleur bleue les cercles [O]. Ils indiquent votre stress perçu antérieur.

Comparez vos profils : Si votre profil de stress actuel est supérieur à celui de stress antérieur, c'est un signal d'alarme : vous devriez stopper l'engrenage dans lequel vous vous trouvez. Consultez un psychologue pour évaluer votre stress perçu avec un questionnaire comme l'Inventaire de stress professionnel perçu de Spielberger[1]. Cet instrument permet d'estimer les situations professionnelles stressantes, leur impact subjectif, leur fréquence et leur intensité. Ces critères sont essentiels dans le diagnostic du stress et leur combinaison permet de différencier quatre catégories de stress parmi des salariés américains et français[2] ayant complété l'inventaire de stress professionnel.

Le stress perçu joue un rôle de médiateur essentiel entre les caractéristiques de la situation stressante et la vulnérabilité de la personnalité du sujet. Son rôle est souvent néfaste sur le bien-être, la satisfaction et la qualité de vie.

Augmenter son sentiment de contrôle

On a, plus ou moins, la conviction qu'on maîtrise ce qui nous arrive et qu'on contrôle, au moins en partie, le cours de notre existence. L'évaluation que le sujet fait de ses capacités pour faire face à une situation stressante détermine largement son niveau de stress : c'est le contrôle perçu. Celui-ci désigne la croyance que l'issue d'une situation ou d'un problème particulier dépend soit de la personne, soit de facteurs extérieurs.

> Aller chez le dentiste est une situation de stress fréquent. Des chercheurs ont mesuré le degré de stress de patients chez le dentiste en enregistrant leur rythme cardiaque. Les patients disposaient ou non d'un petit bouton placé à l'extrémité du bras du fauteuil qui leur permettait d'arrêter la roulette dentaire ou la fraise.
> Les patients qui disposaient d'un bouton étaient nettement moins stressés que les patients qui n'avaient pas de bouton d'arrêt. Les patients qui disposaient d'un bouton d'arrêt et qui n'y recouraient pas étaient également moins stressés.
> Si, sans en informer les patients, on installait un bouton qui ne fonctionnait pas, les sujets qui croyaient disposer d'un bouton d'arrêt et qui ne l'utili-

---

1. Spielberger C.D., *Professional Manual for the Job Stress Survey (JSS)*, Odessa (FL), Psychological Assessment Resources, 1994.
2. Sifakis Y., Rascle N., Bruchon-Schweitzer M., « L'inventaire de stress professionnel de C.D. Spielberger (*Job Stress Survey*) : une adaptation française », *Psychologie et psychométrie, 20*, 1, 1999, p. 5-23.

saient pas, étaient également moins stressés. Ainsi, le fait de croire qu'on peut interrompre la fraise suffit à réduire le stress. Pourtant, les sujets qui disposaient d'un bouton qui ne fonctionnait pas étaient dans une situation objective de non-contrôle.

Le contrôle perçu de la situation diminue le stress. Toutefois, ce n'est pas la réalité du contrôle qui influence le degré de stress mais le sentiment de contrôle. Il consiste à croire que, grâce à nos capacités et à nos actions, nous pouvons atteindre nos objectifs et éviter les événements désagréables.

Au travail, le contrôle perçu est le médiateur le plus influent entre conditions de travail et bien-être : un degré élevé de contrôle perçu est lié à la satisfaction professionnelle ; un faible degré de contrôle perçu est lié à la détresse émotionnelle et à des comportements professionnels tels que l'absentéisme, le *turnover*.

Le sentiment de contrôle perçu joue un rôle protecteur en réduisant l'impact des événements de vie stressants. Connaître sa capacité de contrôle d'une situation est donc un facteur capital pour modérer la relation entre la situation stressante et les réactions de stress. Les psychologues d'orientation comportementale et cognitive apprennent à leurs patients ou aux consultants à identifier leur sentiment de contrôle et à l'augmenter à l'aide d'exercices de difficulté graduée, de jeux de rôles, de mises en situation susceptibles de créer une expérience positive et ainsi, renforcer le sentiment de compétence, etc.

Accroître son réseau de soutien social

Le soutien social est un autre modérateur de la relation stress-détresse. Les individus qui perçoivent un réel soutien social sont davantage immunisés face aux stresseurs qui sont perçus comme moins menaçants.

Dans le domaine professionnel, le soutien social apporté par les collègues et par la hiérarchie joue un rôle éminemment salutaire sur la santé des salariés. En revanche, un niveau faible de soutien social est un facteur de vulnérabilité au stress.

Le soutien social au travail est multiforme : il peut être *matériel* (donner une aide dans une activité), *informationnel* (donner des conseils), ou *émotionnel* (valoriser, conforter l'estime professionnelle).

Un soutien social perçu élevé diminue le sentiment de stress, le risque d'épuisement professionnel et les actes de harcèlement moral au travail. À l'inverse, le stress, l'épuisement professionnel et le harcèlement moral se développent davantage dans les environnements où les liens sociaux sont faibles. Selon Christophe Dejours, la désolidarisation des collectifs crée des « pathologies de la solitude », comme les agissements hostiles caractéristiques du harcèlement moral au travail.

Lors d'une mutation professionnelle, le soutien social perçu diminue le stress perçu et accroît la satisfaction au travail et la performance. La stratégie de recherche active de soutien social augmente la satisfaction professionnelle. Un niveau élevé de soutien social augmente la contrôlabilité perçue et rend l'individu capable de faire face. Toutefois, le soutien social est plus efficace chez les individus ayant un lieu de contrôle interne que chez ceux qui ont un lieu de contrôle externe (sur le lieu de contrôle, voir p. 54-70).

> Une étude[1] auprès de conducteurs de train confrontés à un accident de personnes a évalué l'efficacité de l'accompagnement mise en œuvre à la SNCF et l'aide apportée par les mesures de prévention appliquées dans cette entreprise. Cette étude compare deux groupes de conducteurs de train confrontés à un accident de personnes dont l'un a bénéficié de mesures d'accompagnement et l'autre non. Chaque salarié a un examen médical complet par le médecin du travail et complète deux questionnaires permettant d'évaluer l'état de santé global et d'éventuels troubles psychopathologiques.

---

1. Cothereau C, Beaurepaire C, Payan C., « À propos des conducteurs de trains confrontés à un accident de personnes : la politique d'accompagnement de la SNCF, outil de prise en charge et de prévention », *Journal international de victimologie* : http://www.masson.fr

Les résultats montrent des symptômes dépressifs plus fréquents chez les conducteurs n'ayant pas bénéficié d'accompagnement et une absence de retentissement professionnel à long terme sous la forme de symptômes post-traumatiques dans les deux groupes de conducteurs. Les chercheurs concluent que la meilleure mesure préventive des symptômes post-traumatiques est, d'une part, le soutien social du groupe d'appartenance du sujet traumatisé et, d'autre part, le support professionnel apporté par l'entreprise dans le cadre de la reconnaissance de l'accident du travail. En effet, en le reconnaissant comme tel, la SNCF légitime l'accident de personne en tant que risque professionnel et permet au conducteur confronté à un accident de personnes de se déculpabiliser en améliorant sa confiance vis-à-vis de l'entreprise.

Apprendre de nouvelles stratégies de *coping*

Les stratégies de *coping* (*to cope* : « faire face » en anglais) désignent l'ensemble des processus qu'un individu interpose entre lui et l'événement pour maîtriser, tolérer ou diminuer l'impact de celui-ci sur son bien-être physique et psychologique. Le *coping* désigne « les efforts cognitifs et comportementaux, constamment changeants, destinés à gérer les exigences internes et/ou externes spécifiques qui sont perçues comme menaçant ou débordant les ressources d'une personne[1] ».

Le *coping* est beaucoup plus qu'une simple réponse réflexe au stress. Il s'agit d'une *stratégie multidimensionnelle de contrôle* qui n'est, pourtant, pas efficace en soi, car elle est influencée par :

- les caractéristiques contextuelles comme la durée, l'intensité de l'agent stressant etc. ;

- des facteurs personnels tels que lieu de contrôle interne ou externe, etc. ;

- les transactions entre l'individu et l'environnement telles que l'évaluation d'un enjeu positif ou négatif, l'adoption de stratégies de *coping* d'évitement ou de confrontation, etc.

---

1. Lazarus, Folkmann, *op.cit.*

Trois stratégies de coping

On distingue généralement trois stratégies principales :

- le *coping centré sur le problème* : ce sont les tentatives pour contrôler ou modifier la situation ;

- le *coping centré sur l'émotion* : ce sont les tentatives pour contrôler ou modifier la tension émotionnelle induite par la situation ;

- le *coping centré sur la recherche de soutien social* : ce sont les aides potentielles que l'entourage peut apporter et qui dépendent du climat et de la qualité des relations interpersonnelles dans l'entreprise et à l'extérieur

Imaginez que vous devez rédiger un rapport d'activités dans un temps très court. Pour faire face, vous pouvez opter pour les stratégies suivantes :
– chercher des informations ;
– commencer à écrire la table des matières ou le plan ;
– vous distraire d'abord ;
– demander l'aide d'un collègue.

Le *coping centré sur l'émotion* cherche à diminuer directement la tension émotionnelle sans chercher une solution au problème alors que le *coping centré sur le problème* veut modifier la situation en agissant indirectement sur l'émotion :

- le contrôle de la situation stressante peut consister à mettre en place une procédure de résolution de problèmes destinée à neutraliser le stresseur, le diminuer ou l'interrompre. Par exemple, si un collègue utilise votre ordinateur en votre absence, installez un mot de passe s'il n'y en a pas ou changez-le ; si votre imprimante est régulièrement délestée de papier d'impression, car des collègues vous empruntent du papier sans le remplacer, mettez vos ramettes dans un tiroir fermé à clé ; en période de canicule, vous installez un ventilateur dans votre bureau sans attendre, en gémissant, l'achat d'appareils par votre administration qui exige des demandes en triples exemplaires et six mois pour que chaque responsable hiérarchique applique sa signature, etc. La stratégie centrée sur le problème consiste à solutionner les difficultés et appliquer le slogan : « agir plutôt que subir, souffrir, attendre, dépendre, etc. ».

- le contrôle de la réaction de stress peut consister à agir :
  - sur ses réactions physiologiques et émotionnelles : respirer, se détendre, aller marcher ;
  - sur ses réactions cognitives : relativiser, penser à autre chose ;
  - sur ses réactions comportementales : ne pas s'énerver.

Certains auteurs différencient le *coping évitant* et le *coping vigilant*[1]. Les stratégies d'évitement permettent de diminuer la tension émotionnelle. Les plus utilisées consistent en activités de substitution (activités sportives, relaxation, etc.), ou en comportement dont on pense qu'ils feront disparaître le stresseur (boire, fumer, prendre des médicaments). La *vigilance* consiste à focaliser l'attention sur le problème pour mieux le prévenir ou le contrôler.

Une stratégie temporaire

Le *coping* est une stratégie momentanée et non une disposition stable de la personne. Il est plus influencé par la situation que par les traits de personnalité de l'individu. Telle est la conception transactionnelle (*cf.* p 17) du stress[2] où le *coping* désigne un ensemble de comportements mobilisés dans une situation stressante particulière. À chaque contexte correspond une stratégie de *coping* adaptée pour chacun d'entre nous.

La conception actuelle du stress prend en compte les multiples interactions entre les facteurs environnementaux et les caractéristiques individuelles représentées par les multiples flèches bilatérales, verticales et horizontales de la figure 8.

---

1. Suls J., Fletcher B., « The relative efficacy of avoidant and non avoidant coping strategies : a meta analysis », *Health Psychology*, 4, 1985, p. 249-288.
2. Lazarus, Folkmann, *op. cit.*, 1984.

```
┌─────────────────────────────────────────┐
│        RESSOURCES PERSONNELLES           │
│   (traits de personnalité, affirmation   │
│    de soi, sentiment de contrôle,        │
│         estime de soi, etc.)             │
└─────────────────────────────────────────┘
              ▲
              │
          Évaluation    ····················▶   Stratégies
                        ◀····················    de coping
              │              Réévaluation
              ▼
┌─────────────────────────────────────────┐
│       FACTEURS ENVIRONNEMENTAUX          │
│  (caractéristiques de la situation,      │
│   ambiance de travail, soutien social    │
│          dans l'entreprise)              │
└─────────────────────────────────────────┘
```

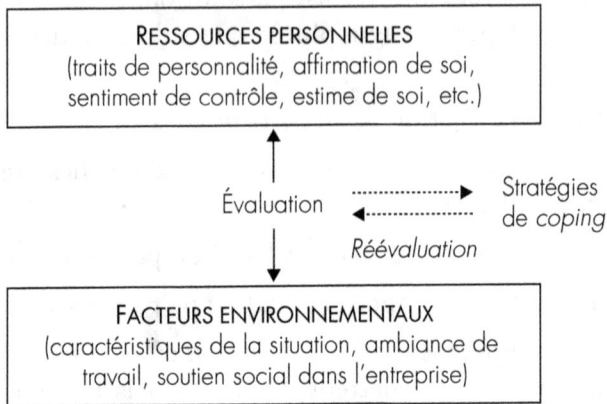

Figure 8 — Facteurs environnementaux et personnels dans les stratégies de *coping* (d'après Paulhan[1])

L'efficacité des stratégies d'ajustement au stress dépend de cette séquence : évaluation-action-réévaluation.

Des stratégies plus ou moins adaptées

Certaines études montrent, selon les situations concernées, une efficacité différente du *coping* centré sur le problème ou sur l'émotion.

Les stratégies *centrées sur le problème* ont plus souvent un effet protecteur que les stratégies *centrées sur l'émotion* qui ont plus souvent un effet néfaste. Le premier semble être plus efficace à long terme et dans les événements contrôlables tandis que le second serait plus efficace à court terme et pour des événements incontrôlables[2].

De même, les stratégies émotionnelles de type évitant prédisent une meilleure adaptation physique à *court terme* alors que les stratégies centrées sur le problème de type vigilant sont plus efficaces à *long terme*[3].

---

1. Paulhan I., « Les stratégies d'ajustement ou "coping" », in Bruchon-Schweitzer M., Dantzer R., *Introduction à la psychologie de la santé*, Paris, PUF, 1994, p. 111.
2. Suls et Fletcher, *op. cit.*, 1985.
3. *Ibid.*

Dans le domaine professionnel, un *coping* centré sur le problème a des effets positifs d'autant plus marqués que la situation professionnelle est perçue comme contrôlable. En revanche, un *coping* centré sur l'émotion s'avère plus efficace si la situation est perçue comme peu contrôlable et si elle est d'une durée limitée.

La confrontation *versus* l'évitement

Dans une situation professionnelle stressante, la confrontation au problème semble mieux protéger l'individu que l'évitement :

- le *coping* centré sur le problème ou vigilant modère les effets négatifs des stresseurs professionnels sur la santé physique et mentale. Chez les infirmières et les enseignants, le *coping* centré sur le problème ou vigilant joue un rôle protecteur plus efficace[1] que le coping centré sur l'émotion ;

- le *coping* centré sur l'émotion ou évitant induit un niveau élevé de dépression et d'insatisfaction professionnelle[2].

Des ressources insoupçonnables en situation extrême

Dans certains cas, les facteurs d'agression émanant du milieu nécessitent un potentiel adaptatif excédant les moyens de la plupart des individus. C'est le cas des situations extrêmes (prise d'otage, attaques à main armée, détournement d'avions), qui constituent des stimuli de très forte intensité, plus ou moins durables, suscitant très souvent des troubles traumatiques. Toutefois, certains individus manifestent une capacité d'adaptation inattendue, un potentiel de ressources qui étaient en sommeil dans les situations ordinaires de la vie. Ce fut le cas de l'institutrice de Neuilly, des hôtesses de l'air lors du détourne-

---

1. Rijk A.E., Le Blanc P.M., Schaufeli W.B. De Jonge J., « Active coping and need for control as moderators of the job demand-control model : Effects on *burnout* », *Journal of Occupational and Organizational Psychology*, 71, 1998, p. 1-18.
2. Bruchon-Schweitzer M., Quintard B., *Personnalités et maladies*, Paris, Dunod, 2001.

ment d'avion d'Air France parti d'Alger, des policiers, gendarmes ou pompiers lors de leurs interventions dans des quartiers où ils sont pris pour cibles de jets de pierres, etc.

L'évaluation de la situation : un rôle capital

L'individu confronté à une situation stressante opère deux types d'évaluation : une évaluation de la situation dirigée vers le stresseur et une évaluation dirigée vers ses propres capacités à gérer la situation.

> Un individu peut considérer une mutation professionnelle souhaitée et désirée comme un obstacle insurmontable tandis qu'un autre sujet accueillera la mutation comme une occasion de changement personnel ou comme une aventure exaltante.
> La réaction anxieuse ou joyeuse va dépendre de l'enjeu de la situation pour l'individu concerné. Il peut évaluer la mutation en termes de :
> – *perte* relationnelle : changer d'environnement amical et professionnel ;
> – *menace* : possibilité d'échouer ;
> – *défi ou challenge* : possibilité d'une réussite et d'un dépassement de soi ;
> – *préjudice* : prise de risque de l'estime de soi.

L'évaluation de la situation contribue à la qualité et à l'intensité de l'émotion et colore positivement ou négativement le vécu émotionnel de l'individu. L'évaluation *négative* en termes de *perte* ou de *menace* génère des *émotions négatives* telles que la honte, la colère ou la peur. L'évaluation *positive* en termes de *défi, gain ou challenge* engendre des *émotions positives* telles que l'enthousiasme, la passion.

L'individu évalue les efforts nécessaires et les ressources à sa disposition pour faire face à la situation stressante, pour remédier à la perte, prévenir la menace ou obtenir un bénéfice. Il évalue aussi les ressources de *coping* et les options dont il dispose. Ces évaluations sont automatiques, rapides, rarement le résultat d'une analyse rationnelle. Elles sont complètement subjectives et dépendent fortement de la personnalité, des expériences passées et des souvenirs de situations semblables. Ces évaluations vont déterminer le déclenchement ou non de la réaction de stress. Celle-ci se manifeste si les ressources sont insuffisantes par rapport à la menace et s'il y a un déséquilibre entre l'évaluation primaire et l'évaluation secondaire qui déterminent les stratégies d'ajustement au stress déployées par l'individu.

Un individu confronté à une situation professionnelle originale peut penser avoir les ressources nécessaires ou au contraire peut croire ne pas posséder les compétences indispensables pour faire face. La personne effectue une évaluation de compétence ou d'incompétence :
– évaluation d'incompétence : « Je n'y arriverai pas », « je ne suis pas capable » ; « c'est au-delà de mes compétences » ;
– évaluation de compétence : « Pas de problème, cela va bien se passer » ; « Je vais trouver une solution ».

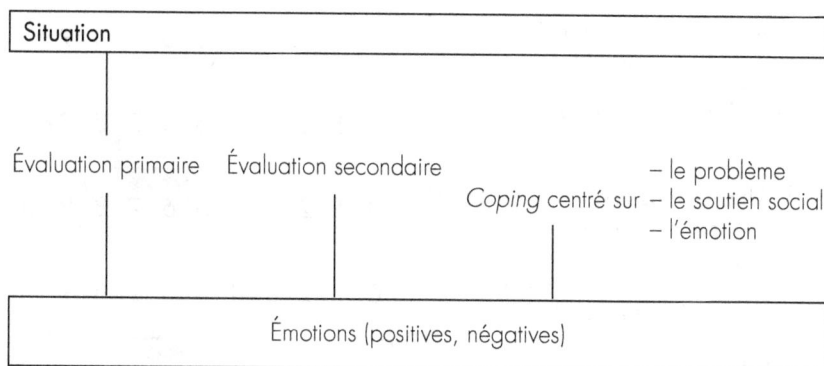

Figure 9 — Boucle des processus concernés par la transaction stressante (d'après le modèle de la double évaluation de Lazarus et Folkmann)

Situation : Pierre est convoqué par son responsable hiérarchique.
Évaluation primaire : Pierre évalue la convocation comme une menace. Il se demande quel sujet va être abordé, quel est l'objectif de l'entretien, si l'entretien vise une proposition de projet ou une remise en question, une rupture du contrat de travail ou son renouvellement, des reproches ou des compliments, etc.
Évaluation secondaire : Pierre évalue ses capacités d'adaptation : il estime la connaissance du dossier dont il est responsable, sa performance actuelle, etc.
Ces deux évaluations interagissent l'une avec l'autre.

L'évaluation des ressources personnelles de Pierre pour faire face compense-t-elle ou non la crainte inspirée par le stresseur ? De quel côté penche la balance ?

Questionnaire : Identifiez vos stratégies de *coping*

Pensez à une situation professionnelle précise et demandez-vous quelles stratégies d'ajustement vous avez mobilisé pour faire face à cette situation.

Indiquez ce que vous avez fait ou ressenti face à une situation stressante en entourant la note allant de 0 (pas du tout) à 10 (tout à fait) qui correspond à votre attitude.

FACE À UNE DIFFICULTÉ, J'AI TENDANCE À :											
1. Analyser la situation et chercher une solution	0	1	2	3	4	5	6	7	8	9	10
2. Décider ce que je dois faire dans l'immédiat	0	1	2	3	4	5	6	7	8	9	10
3. Étudier tous les possibles pour sortir du problème	0	1	2	3	4	5	6	7	8	9	10
4. Évaluer les avantages des différentes solutions	0	1	2	3	4	5	6	7	8	9	10
5. Choisir une sortie possible et la mettre en œuvre	0	1	2	3	4	5	6	7	8	9	10
6. Décider d'un plan que j'applique	0	1	2	3	4	5	6	7	8	9	10
7. Chercher le côté positif de la situation	0	1	2	3	4	5	6	7	8	9	10
8. Me battre et atteindre mon objectif	0	1	2	3	4	5	6	7	8	9	10
9. Prendre les choses en main	0	1	2	3	4	5	6	7	8	9	10
10. Réfléchir et agir	0	1	2	3	4	5	6	7	8	9	10
11. Me culpabiliser	0	1	2	3	4	5	6	7	8	9	10
12. Partir en week-end	0	1	2	3	4	5	6	7	8	9	10

• • •

13. Me dire que même les mauvais moments passent	0	1	2	3	4	5	6	7	8	9	10
14. Attendre que ça change	0	1	2	3	4	5	6	7	8	9	10
15. Chercher mes responsabilités et me remettre en question	0	1	2	3	4	5	6	7	8	9	10
16. Me reposer en attendant que la roue tourne en ma faveur	0	1	2	3	4	5	6	7	8	9	10
17. Patienter	0	1	2	3	4	5	6	7	8	9	10
18. Attendre un meilleur moment	0	1	2	3	4	5	6	7	8	9	10
19. Chercher à oublier	0	1	2	3	4	5	6	7	8	9	10
20. Me réfugier dans la rêverie, le sommeil, etc.	0	1	2	3	4	5	6	7	8	9	10
21. Discuter avec un ami	0	1	2	3	4	5	6	7	8	9	10
22. Échanger avec d'autres personnes sensibilisées au problème	0	1	2	3	4	5	6	7	8	9	10
23. Consulter un expert	0	1	2	3	4	5	6	7	8	9	10
24. Parler à mon conjoint	0	1	2	3	4	5	6	7	8	9	10
25. Chercher de l'aide	0	1	2	3	4	5	6	7	8	9	10
26. Recueillir un maximum d'avis	0	1	2	3	4	5	6	7	8	9	10
27. Chercher du réconfort dans mon entourage	0	1	2	3	4	5	6	7	8	9	10
28. Rencontrer une personne pouvant agir en ma faveur	0	1	2	3	4	5	6	7	8	9	10
29. Discuter avec des collègues qui ont eu le même problème	0	1	2	3	4	5	6	7	8	9	10
30. Prendre contact avec un médiateur, conciliateur, etc.	0	1	2	3	4	5	6	7	8	9	10

Calculez vos scores de coping *actuel* : Additionnez vos scores dans les trois groupes d'items. Inscrivez vos totaux dans la colonne ci-dessous.

ITEMS	CALCULEZ VOS SCORES DE *COPING* ACTUEL	HIÉRARCHISEZ	ANALYSEZ
	Total [0-100]	Rang	*Coping* centré sur
1 à 10	....	1 2 3	le problème
11 à 20	....	1 2 3	l'émotion
21 à 30	....	1 2 3	le soutien social

Hiérarchisez vos stratégies de coping *actuel* : Repérez votre *coping* dominant. Indiquez dans le tableau ci-dessus votre *coping* dominant en entourant le chiffre 1 dans la colonne « Rang » pour votre score le plus élevé, le chiffre 3 pour le score le plus faible, le chiffre 2 pour le score médian.

Analysez vos scores : Les stratégies pour faire face sont centrées sur le problème (items de 1 à 10), centrées sur l'émotion (de 11 à 20), centré sur le soutien social (de 21 à 30).

Questionnaire : Stratégies de *coping* idéales

Indiquez dans le questionnaire les stratégies d'ajustement qui auraient été, dans l'absolu, les plus adaptées à la situation stressante. Entourez une note comprise entre 0 (pas du tout adaptée) et 10 (tout à fait adaptée).

FACE À UNE DIFFICULTÉ, IL EST PRÉFÉRABLE DE :											
1. Analyser la situation et chercher une solution	0	1	2	3	4	5	6	7	8	9	10
2. Décider ce qu'il faut faire dans l'immédiat	0	1	2	3	4	5	6	7	8	9	10
3. Étudier tous les possibles pour sortir du problème	0	1	2	3	4	5	6	7	8	9	10

● ● ●

4. Evaluer les avantages des différentes solutions	0	1	2	3	4	5	6	7	8	9	10
5. Choisir une sortie possible et la mettre en œuvre	0	1	2	3	4	5	6	7	8	9	10
6. Décider d'un plan à appliquer	0	1	2	3	4	5	6	7	8	9	10
7. Chercher le côté positif de la situation	0	1	2	3	4	5	6	7	8	9	10
8. Se battre pour atteindre l'objectif	0	1	2	3	4	5	6	7	8	9	10
9. Prendre les choses en main	0	1	2	3	4	5	6	7	8	9	10
10. Réfléchir et agir	0	1	2	3	4	5	6	7	8	9	10
11. Culpabiliser	0	1	2	3	4	5	6	7	8	9	10
12. Partir en week-end	0	1	2	3	4	5	6	7	8	9	10
13. Se dire que même les mauvais moments passent	0	1	2	3	4	5	6	7	8	9	10
14. Attendre que ça change	0	1	2	3	4	5	6	7	8	9	10
15. Chercher ses responsabilités et se remettre en question	0	1	2	3	4	5	6	7	8	9	10
16. Se reposer en attendant que la roue tourne en sa faveur	0	1	2	3	4	5	6	7	8	9	10
17. Patienter	0	1	2	3	4	5	6	7	8	9	10
18. Attendre un meilleur moment	0	1	2	3	4	5	6	7	8	9	10
19. Chercher à oublier	0	1	2	3	4	5	6	7	8	9	10
20. Se réfugier dans la rêverie, le sommeil, etc.	0	1	2	3	4	5	6	7	8	9	10
21. Discuter avec un ami	0	1	2	3	4	5	6	7	8	9	10
22. Échanger avec d'autres personnes sensibilisées au problème	0	1	2	3	4	5	6	7	8	9	10
23. Consulter un expert	0	1	2	3	4	5	6	7	8	9	10

• • •

24. Parler à son conjoint	0	1	2	3	4	5	6	7	8	9	10
25. Chercher de l'aide	0	1	2	3	4	5	6	7	8	9	10
26. Recueillir un maximum d'avis	0	1	2	3	4	5	6	7	8	9	10
27. Chercher du réconfort dans son entourage	0	1	2	3	4	5	6	7	8	9	10
28. Rencontrer une personne pouvant agir en sa faveur	0	1	2	3	4	5	6	7	8	9	10
29. Discuter avec des collègues qui ont eu le même problème	0	1	2	3	4	5	6	7	8	9	10
30. Prendre contact avec un médiateur, conciliateur, etc.	0	1	2	3	4	5	6	7	8	9	10

Calculez vos scores de coping idéal : Additionnez vos scores dans les trois groupes d'items. Inscrivez vos totaux dans la colonne « *Coping idéal* » du tableau ci-dessous.

	CALCULEZ VOS SCORES DE COPING IDÉAL	HIÉRARCHISEZ	ANALYSEZ
ITEMS	Total [0-100]	Rang	*Coping* centré sur
1 à 10	....	1　2　3	le problème
11 à 20	....	1　2　3	l'émotion
21 à 30	....	1　2　3	le soutien social

Hiérarchisez vos stratégies idéales : Entourez le chiffre 1 dans la colonne « Rang » pour la catégorie la plus adaptée ayant obtenu le score le plus élevé, le chiffre 3 pour le score le plus faible, le chiffre 2 pour le score médian.

Comparez vos stratégies réelles et idéales : Repérez les écarts de deux points entre le *coping* de résolution de problèmes idéal et le soutien social idéal avec vos scores de *coping* réel.

Le *coping* le plus efficace comporte les stratégies d'ajustement centrées sur le problème et centrées sur le soutien social.

194

Le profil de *coping* idéal doit privilégier la résolution de problèmes (1 à 10), le soutien social (21 à 30) et minimiser le *coping* centré sur l'émotion. Le soutien social est essentiel dans le monde du travail, car il protège la personne. À l'inverse, l'isolement social est lié au risque de développer une maladie mais cette relation est modérée. De plus, c'est moins le réseau social objectif qui s'avère pertinent que la façon dont l'individu perçoit l'aide reçue[1].

Le lien à l'autre maintient une possibilité d'un investissement vital. La relation permet de garder l'espoir, de conserver le désir et l'envie de vivre.

À *savoir* : Beaucoup de questionnaires évaluant le *coping* existent. Les plus utilisés sont le questionnaire de Lazarus et Folkman[2] et l'inventaire de *coping*[3].

---

1. Rascle N., « Le soutien social dans la relation stress-maladie », in Bruchon-Schweitzer M., Quintard B., *Introduction à la psychologie de la santé*, Paris, PUF, 1994.
2. Cousson-Gélie F., Bruchon-Schweitzer M., Quintard B., Nuissier J., Rascle N., « Analyse multidimensionnelle d'une échelle de coping : validation française de la WCC *Ways of Coping Cheklist* », *Psychologie française*, 41, 2, 1996, p. 155-164.
3. Rolland J.-P., *Manuel du Coping Inventory for Stressful Situation d'Endler et Parker*, adaptation française, ECPA, 1998.

Chapitre 9

Agir sur son stress

Il existe de multiples méthodes pour atténuer et gérer le stress. Nous exposerons dans ce chapitre la relaxation, l'exposition, l'affirmation de soi, l'apprentissage d'un *coping* adéquat, la restructuration cognitive, le scanner mental.

La relaxation

Les techniques de relaxation permettent de réduire les tensions déclenchées par une situation stressante, de calmer l'anxiété, les épisodes d'angoisse ou les états de panique. Le terme générique de relaxation couvre des méthodes extrêmement variées, qui exigent, toutes, pour être efficaces, un entraînement quotidien.

Toutes les techniques de relaxation reposent sur un travail respiratoire. Les personnes anxieuses connaissent des moments de panique qui sont déclenchés par une respiration rapide et superficielle, produisant un phénomène de légère asphyxie : c'est le *syndrome d'hyperventilation*. Si vous accélérez votre rythme respiratoire, vous pourrez expérimenter des sensations typiques de l'état de panique. À l'inverse, le ralentissement du rythme respiratoire permet aux anxieux de calmer leur angoisse.

Exercice : Relaxation par visualisation mentale

Imaginez que vous êtes allongé dans une chaise longue sur une plage… Tout est calme. Il fait chaud, mais pas trop. Vous vous reposez ici dans cet endroit agréable, très agréable… et vous entendez le murmure des vagues… vous voyez au loin des bateaux… Vous vivez un moment de calme, de détente, de sérénité, d'harmonie… Imaginez que vous voyez le ciel bleu, des petits filets nuageux blancs passent lentement dans le ciel… Un oiseau passe au loin. Les ailes bougent lentement. L'oiseau s'éloigne… Vous le suivez du regard… Il devient de plus en plus petit… Vous ne voyez plus qu'un point à l'horizon.

Vos paupières se ferment. Et vous êtes là, agréablement couché, jouissant d'un profond repos. Vous vous sentez bien, engourdi… Tout est paisible, calme… Sentez la sensation de détente dans vos bras, vos jambes, vos pieds, le ventre, les épaules, le cou, la bouche, le visage… Tout votre corps est détendu.

La relaxation de Jacobson

Edmund Jacobson[1], physiologiste formé à Harvard auprès de Walter Cannon, a enseigné à l'université de Chicago. Il a défini la relaxation comme l'absence de toute contraction musculaire. Sa méthode repose sur l'alternance de contractions et de décontractions de treize groupes musculaires successifs. Cette technique est très efficace avec les personnes peu adeptes de méthodes psychologiques.

Exercice : Relaxation par contraction/décontraction

Contractez puis décontractez : 1. la main dominante et l'avant-bras ; 2. le bras dominant, concentration sur le biceps ; 3. l'autre main et l'avant-bras ; 4. l'autre bras ; 5. la jambe et le pied dominant ; 6. l'autre jambe et le pied ; 7. le ventre ; 8. les épaules et le haut du dos ; 9. la nuque et l'arrière de la tête ; 10. la gorge ; 11. la bouche et les joues ; 12. les yeux et les paupières ; 13. le front.

---

1. Jacobson E., *Progressive Relaxation*, Chicago, University of Chicago Press, 1938.

La contraction d'un groupe coïncide avec une inspiration suivie d'une courte apnée.

La décontraction est associée à une expiration et la prononciation silencieuse d'un mot évoquant la détente (« relax », « calme »).

Cet exercice se pratique chaque jour.

Cette technique a été largement utilisée par l'armée américaine durant la Seconde Guerre mondiale. Elle a inspiré, au début des années quarante, le gynécologue Grantly Read, collègue de Jacobson à l'université de Chicago qui a développé la célèbre méthode de l'accouchement sans douleur. L'apprentissage de la relaxation permet en effet d'interrompre le cercle vicieux suivant : la peur crée la tension musculaire qui accroît la peur en retour et augmente encore la tension musculaire, donc la douleur.

Le training autogène

Schultz[1] a élaboré la méthode de relaxation appelée *training autogène* dans les années vingt. Professeur de neurologie et de psychiatrie puis psychothérapeute, il a recueilli les impressions de sujets hypnotisés et s'est intéressé à la richesse sensorielle de leurs expériences visuelles ou somatiques concernant les sensations de lourdeur et de chaleur. Il a également utilisé certaines notions psychanalytiques pour comprendre l'état de relaxation et l'état hypnotique.

Actuellement, la méthode consiste en une série d'exercices regroupés dans deux cycles : le cycle inférieur et le cycle supérieur. Les exercices du *cycle inférieur* permettent d'expérimenter des sensations de pesanteur, de chaleur, une régulation cardiaque, un contrôle respiratoire, une régulation de la zone abdominale, un effet de fraîcheur au niveau de la tête.

---

1. Schultz J.H., *Le Training autogène* (1956), Paris, PUF, 1958.

Exercice : La pesanteur du bras

Répétez-vous plusieurs fois la formule : « Je suis tout à fait calme », puis répétez-vous plusieurs fois, la phrase : « *Mon bras droit est lourd.* »

Entraînez-vous chaque jour.

La méthode de relaxation de Schultz propose ensuite des exercices de décontraction de la nuque, de la mâchoire inférieure, des arcades dentaires, une décontraction généralisée.

La maîtrise des exercices du cycle inférieur permet d'accéder aux exercices du *cycle supérieur* qui consistent à visualiser une couleur uniforme harmonieuse, des objets abstraits comme la justice, le bonheur. La méthode du cycle supérieur est une technique de psychothérapie profonde s'adressant à des individus rompus à la technique de relaxation et qui souhaitent aborder des problèmes existentiels. La maîtrise du cycle supérieur requiert une pratique de trois ans à quatre ans.

Les techniques d'exposition

Exposition signifie ici « confrontation ». Les techniques d'exposition permettent au sujet anxieux d'affronter la situation stressante au lieu de l'éviter et de la fuir.

Les anxieux évitent les situations problématiques mais l'évitement ne supprime pas la peur, au contraire il la renforce. Dans les techniques d'exposition, les individus apprennent à affronter l'objet de leur peur et à l'observer. L'exposition a pour objectif l'extinction des réponses émotionnelles désagréables et des conduites d'évitement.

> Une personne qui a peur de monter dans un ascenseur va apprendre à le faire et à expérimenter un degré d'anxiété supportable. Il s'agit de montrer au sujet anxieux que s'il arrive à affronter la situation anxiogène pendant un temps assez long, l'anxiété liée à cette situation va diminuer progressivement et en conséquence l'évitement de cette situation va également s'amoindrir jusqu'à disparaître. La technique vise à habituer l'individu à des réponses émotionnelles par la répétition de l'affrontement d'où il découlera la disparition des conduites d'évitement.

L'exposition est adaptable à différents agents stressants : matériels (ascenseurs, animaux, espaces fermés, saleté, sang, foule, moyens de transports, etc.) ; relationnels (peur du regard d'autrui, peur de parler en public, etc.) ; imaginaires (idées, images, maladies, etc.) ; senso-riels ou intéroceptifs (palpitations, transpiration, rougissements, etc.).

Toute exposition comporte un premier temps où l'anxiété monte puis, un deuxième temps où l'anxiété reste stable à son seuil maximal puis, un troisième temps, où l'anxiété diminue. L'exposition doit cependant durer suffisamment longtemps pour que l'angoisse diminue de moitié.

Modalités d'exposition pour affronter la situation stressante

Exposition en imagination ou en réalité

L'exposition *en imagination* utilise la visualisation pour affronter la situation anxiogène. Les sujets ont des capacités de visualisation différentes mais, statistiquement, la plupart des individus réussissent à visualiser une situa-tion.

Exemple : Éric est un ingénieur qui éprouve une peur panique lorsqu'il doit réunir son équipe, animer une réunion, exposer un projet devant un public au point de penser démissionner de son emploi. Il décide alors de consulter un psychologue d'orientation comportementale et cognitive. Au cours de la psychothérapie, il apprend à se représenter visuellement une scène, par exemple, visualiser la salle de réunion, se voir en train de serrer la main de chacun, voir mentalement chacun de ses collaborateurs assis autour de la table, etc. Le travail se déroule d'abord en exposition pour ensuite s'effectuer en réalité, c'est-à-dire *in vivo*. L'entraînement est d'abord mental puis physique.

Avec l'exposition *en réalité ou in vivo*, le patient affronte la situation anxio-gène dans la réalité.

Exposition graduée ou intensive

Dans l'exposition *graduée*, le patient affronte peu à peu la situation redoutée en commençant par l'exposition à la situation la moins anxio-gène et en finissant avec la situation la plus anxiogène.

➤

➤

Exemple : Éric a d'abord listé toutes les situations qui produisaient chez lui cette peur panique lorsqu'il était en situation d'évaluation de sa performance orale : animer une réunion, parler devant un groupe, prendre la parole dans la salle de conférences, etc. Chaque situation avait été évaluée en termes de degré d'anxiété à l'aide d'une note. La situation la moins anxiogène était celle qui consistait à accueillir chaque collaborateur et à lui serrer la main à son arrivée dans la salle de réunion. Le premier exercice d'exposition a donc porté sur cette situation, puis le second a porté sur la situation où il s'installait autour de la table de réunion, puis suivaient les situations où il y avait prise de parole devant le groupe. La situation la plus anxiogène est celle où il doit parler devant un large public composé de personnes qui lui sont inconnues, dans la salle de conférences si grande qu'il se sent perdu ou sous le regard de mille yeux, etc.

Dans l'exposition *intensive*, le patient est placé dans la situation la plus redoutée.

Exposition avec ou sans relaxation

Dans l'exposition avec relaxation, le patient pratique une méthode de relaxation apprise avec un thérapeute.

Dans l'exposition sans relaxation, le patient affronte la situation sans s'être préalablement relaxé.

Exposition avec ou sans thérapeute

Dans l'exposition *avec le thérapeute*, le patient est guidé par le thérapeute. Cette technique est appelée « modeling de participation », car elle se déroule en présence du thérapeute qui joue le rôle de modèle à imiter. Les techniques d'exposition sont pratiquées avec le thérapeute au début du traitement puis la personne travaille seule.

Dans l'exposition *sans thérapeute*, le patient pratique seul la relaxation.

Exemple : Éric avait appris la relaxation de Jacobson qu'il pratiquait régulièrement et utilisait avant chaque confrontation un peu anxiogène. De plus, il avait appris à réguler son rythme respiratoire à l'aide d'exercices de respiration ventrale associée à des techniques de focalisation de l'attention sur un point, inspirée de l'hypnose, qui lui a permis de ne plus jamais être l'objet d'hyperventilation capable d'entraîner une incapacité de concentration et un mal-être pouvant aller jusqu'à l'évanouissement, etc.

Les relaxologues et psychothérapeutes combinent ces différentes techniques d'exposition et différentes recherches menées ont montré qu'elles sont efficaces et que leurs effets sont durables[1].

La désensibilisation systématique

Cette technique a été inventée par J. Wolpe[2] et comporte quatre étapes :

- la personne effectue une « cartographie » des situations stressantes. Elle liste toutes les situations anxiogènes puis elle établit une hiérarchie des situations allant de la moins anxiogène à celle qui déclenche les réactions émotionnelles les plus intenses. Cette approche permet de graduer l'intensité du stress ;
- la personne apprend la relaxation progressive de Jacobson (voir p. 198) ;
- la relaxation est associée à l'exposition en imagination à la situation angoissante, car la relaxation constitue une réponse antagoniste à la manifestation d'anxiété : la relaxation est l'antidote de l'anxiété ;
- la technique est pratiquée sur le terrain. La confrontation en réalité ou *in vivo* est prescrite sous forme d'exercices et de tâches que les patients effectuent entre les séances de psychothérapie :

Philippe est directeur financier. Il souffre d'état de panique dans le cadre de son travail. Au cours d'un premier exercice, il a pris l'initiative de téléphoner à un collègue pour déjeuner avec lui à la cantine qu'il avait désertée suite à ses peurs phobiques. Il a réussi grâce à des exercices progressifs à inviter tous ses collaborateurs à un pot.

Francis est un directeur général adjoint très inquiet sur son avenir professionnel au point d'en avoir perdu le sommeil, car il construit des scénarios catastrophes sur son éviction sans préavis. Il a élaboré un projet de créa-

---

1. INSERM, *Psychothérapie. Trois approches évaluées*, Paris, Les éditions INSERM, 2004.
2. Wolpe J., *Pratique de la thérapie comportementale* (1958), Paris, Masson, 1975.

tion d'un nouveau département déployant l'activité de l'entreprise vers les pays de l'Est et a sollicité un rendez-vous auprès de son DG pour lui soumettre son projet qui fut accueilli favorablement.

Exercice : Désensibilisation systématique

1. Faites une liste de plusieurs situations stressantes.

2. Hiérarchisez les situations de la moins stressante à la plus stressante. Attribuez le numéro 1 à la situation la moins anxiogène, 2 à la situation plus anxiogène, et ainsi de suite jusqu'à la situation la plus anxiogène.

3. Relaxez-vous : faites les premiers exercices de la méthode de Jacobson ou un exercice de yoga, de sophrologie, etc.

4. Formez l'image de la situation la moins anxiogène tout en vous relaxant et maintenez l'image visuelle jusqu'à ce que l'anxiété diminue de manière significative.

5. Confrontez-vous à la situation stressante dans la réalité tout en pratiquant un exercice de relaxation.

L'affirmation de soi

Un comportement affirmé est « l'expression de ses pensées, besoins et sentiments de la manière la plus claire et la plus directe possible, sans ressentir de tension excessive et en tenant compte des pensées, besoins et sentiments de son interlocuteur[1] ».

L'affirmation de soi permet à une personne dont la maîtrise émotionnelle est défaillante de retrouver un autocontrôle qui rendra plus facile les contacts sociaux. Elle ne vise pas à transformer un timide en revendicatif, un introverti en extraverti, etc. On ne transforme pas la personnalité aussi facilement. Le manque d'assertivité peut avoir été acquis dans l'enfance du fait des réactions de l'entourage familial ou social qui ont gêné la libre expression émotionnelle ou affective.

---

1. Boisvert J.-M, Beaudry M., *S'affirmer et communiquer*, Montréal, Centre interdisciplinaire de Montréal, 1979.

Le pôle oppositionnel de l'affirmation

Certains sujets inhibés ne peuvent refuser ou s'opposer à des demandes excessives de la part de l'entourage professionnel, conjugal, familial. Ils sont soumis aux exigences d'autrui. L'entraînement à l'affirmation leur apprend à s'opposer aux autres et à imposer leurs droits. Face à quelqu'un d'abusif, d'intrusif, d'éternellement insatisfait, le sujet apprend à ne pas se plier aux exigences, aux revendications ou aux besoins impérieux de l'autre. Toutefois, en aucun cas, l'opposition ne doit entraîner de sanctions sociales graves pour la personne.

Le pôle expressif de l'affirmation

Certains individus ne peuvent exprimer de sentiments positifs ou négatifs à l'égard d'autrui. Cette incapacité d'expression émotionnelle inhibe leurs conduites sociales. Exprimer des sentiments positifs est vécu par ces personnes comme le summum du ridicule, le risque maximal de rejet, de critique ou de danger suprême (craintes de conséquences dramatiques). Les techniques d'affirmation de soi visent à développer des capacités d'expression de sentiments personnels, positifs ou négatifs, à accepter de recevoir des compliments ou des critiques.

Certains individus ont des difficultés dans les deux pôles. En conséquence, ils doivent apprendre les techniques d'affirmation expressive et oppositionnelle.

L'entraînement à l'affirmation de soi aide les individus à gérer les comportements stressants et à réduire la pression venant des autres (par exemple, dire non, calmement, exprimer clairement ses attentes et ses besoins ; mettre fin à un échange qui s'éternise, etc.) et à exprimer ses émotions négatives de manière adaptée (faire une critique, exprimer son mécontentement, sa déception, répondre aux critiques et aux objections sans se déstabiliser, etc.).

L'affirmation de soi augmente l'efficacité relationnelle du sujet : elle lui permet de mieux contrôler les stresseurs interpersonnels et augmente le sentiment de contrôle du sujet sur la situation stressante puisqu'il dispose d'outils adaptés pour l'affronter ce qui diminue l'intensité de la réaction de stress.

Enfin, elle a un effet antidépresseur important. De nombreux travaux ont mis en évidence une corrélation inverse entre la dépression et les capacités d'affirmation de soi évaluée à l'aide de l'échelle de Rathus[1]. Plus l'affirmation de soi est élevée, moins l'humeur dépressive est présente. Moins l'affirmation de soi est forte, plus l'apparition d'épisodes dépressifs est possible.

Questionnaire : êtes-vous plutôt affirmé ; agressif ; passif ?

Indiquez votre comportement habituel en entourant une note comprise entre 0 (pas du tout) et 10 (maximum).

1. Mes objectifs passent avant ceux des autres	0	1	2	3	4	5	6	7	8	9	10
2. Pour atteindre ses objectifs, il ne faut pas avoir peur de s'imposer	0	1	2	3	4	5	6	7	8	9	10
3. Je peux, s'il le faut, régler un problème par la force	0	1	2	3	4	5	6	7	8	9	10
4. Je reconnais que mon comportement est parfois agressif	0	1	2	3	4	5	6	7	8	9	10
5. Si on veut atteindre son but, il ne faut pas se préoccuper d'autrui	0	1	2	3	4	5	6	7	8	9	10
6. J'impose mon point de vue de manière catégorique	0	1	2	3	4	5	6	7	8	9	10
7. Je ne supporte pas la contradiction	0	1	2	3	4	5	6	7	8	9	10
8. Je pousse mes interlocuteurs à bout	0	1	2	3	4	5	6	7	8	9	10
9. Je suis quelqu'un qui s'énerve facilement	0	1	2	3	4	5	6	7	8	9	10

• • •

---

1. Bruchon-Schweitzer, *op. cit.*, 2002.

10. J'aborde les discussions comme des bras de fer	0	1	2	3	4	5	6	7	8	9	10
11. Je n'exprime pas clairement mes positions	0	1	2	3	4	5	6	7	8	9	10
12. Je ne défends pas mes droits par peur de provoquer un conflit	0	1	2	3	4	5	6	7	8	9	10
13. Je règle les problèmes par la fuite	0	1	2	3	4	5	6	7	8	9	10
14. Je suis souvent en retrait	0	1	2	3	4	5	6	7	8	9	10
15. Je donne une image effacée	0	1	2	3	4	5	6	7	8	9	10
16. J'attends qu'on devine mes besoins	0	1	2	3	4	5	6	7	8	9	10
17. Je me disqualifie facilement	0	1	2	3	4	5	6	7	8	9	10
18. Je crains de déranger mes collègues en faisant valoir mes droits	0	1	2	3	4	5	6	7	8	9	10
19. Mon comportement est plutôt passif	0	1	2	3	4	5	6	7	8	9	10
20. Je suis assez attentiste	0	1	2	3	4	5	6	7	8	9	10
21. Je défends mes droits tout en respectant ceux des autres	0	1	2	3	4	5	6	7	8	9	10
22. Je sais exprimer mes besoins en respectant les autres	0	1	2	3	4	5	6	7	8	9	10
23. Je sais écouter les autres sans m'oublier	0	1	2	3	4	5	6	7	8	9	10
24. Je sais exprimer mes besoins tout en écoutant ceux des autres	0	1	2	3	4	5	6	7	8	9	10
25. J'essaie de résoudre les problèmes par le dialogue	0	1	2	3	4	5	6	7	8	9	10
26. Je dis clairement ce que je pense	0	1	2	3	4	5	6	7	8	9	10
27. Je suis assez actif	0	1	2	3	4	5	6	7	8	9	10

Calculez vos scores : Trois types de comportements relationnels sont décrits à l'aide des trente propositions du questionnaire : agressif ; passif ; affirmé.

Additionnez vos scores aux trois groupes de comportement. Indiquez le total dans la colonne « Total ». Chacun des trois totaux est compris entre 0 et 100.

Hiérarchisez vos scores : Entourez le rang 1 pour le score le plus élevé, le rang 2 pour le score suivant et le rang 3 pour le score le plus faible.

	CALCULEZ VOS SCORES	HIÉRARCHISEZ	ANALYSEZ
ITEMS	Total [0-100]	Rang	Comportement
DE 1 À 10	....	1 2 3	Agressif
DE 11 À 20	....	1 2 3	Passif
DE 21 À 27	....	1 2 3	Affirmé

Analysez vos scores : Le rang 1 indique votre comportement dominant lorsque vous êtes confronté à une situation. Certains individus sont assertifs, d'autres agressifs ou passifs.

L'individu au comportement agressif s'impose pour atteindre ses buts sans se préoccuper des autres, fait passer ses besoins avant ceux des autres, résout souvent ses problèmes par la colère ou la force, supporte mal la contradiction, est souvent tendu et énervé, se sent vite agressé, vit les échanges comme des rapports de force.

L'individu au comportement passif défend mal ses droits par peur de déranger ou de provoquer un conflit, attend qu'on devine ou comprenne ses besoins, résout les problèmes par le retrait, n'exprime pas clairement ses positions, est souvent incompris, oublié ou exploité, donne une image effacée, voire froide, distante ou peu motivée, rumine après coup ses difficultés, se juge sévèrement et négativement.

L'individu au comportement affirmé défend ses droits tout en respectant ceux des autres, sait exprimer ses besoins mais sait aussi écouter, tente de résoudre les problèmes par le dialogue, dit clairement ce qu'il pense ; il est apprécié pour sa franchise même s'il dérange parfois, a confiance en lui, agit au mieux de ses capacités en reconnaissant clairement ses limites, s'analyse sans excès. On tient compte de son point de vue.

Les stages d'affirmation de soi sont particulièrement indiqués aux personnes au comportement agressif ou passif afin de développer des compétences sociales leur permettant d'aborder les situations stressantes de manière assertive, efficace et sereine.

Questionnaire : Votre affirmation professionnelle actuelle

Indiquer votre attitude actuelle au travail en choisissant une note comprise entre 0 (jamais) et 10 (toujours) pour chacune des trente situations professionnelles citées dans le questionnaire. Mettez une croix dans la case correspondante.

1. En réunion, je pose facilement des questions	0	1	2	3	4	5	6	7	8	9	10
2. En réunion, quand les échanges sont animés, je n'ai pas peur d'intervenir	0	1	2	3	4	5	6	7	8	9	10
3. Si quelqu'un essaie de passer devant moi au self, je m'explique	0	1	2	3	4	5	6	7	8	9	10
4. Je suis franc dans l'expression de mes opinions	0	1	2	3	4	5	6	7	8	9	10
5. Lors de débats, je trouve toujours des arguments	0	1	2	3	4	5	6	7	8	9	10
6. Je fonce quand il s'agit de donner ou d'accepter des rendez-vous professionnels	0	1	2	3	4	5	6	7	8	9	10
7. Il m'est facile de téléphoner à des entreprises, institutions ou organismes importants	0	1	2	3	4	5	6	7	8	9	10

• • •

8. Si un collègue m'a critiqué, je n'hésite pas le critiquer ou critiquer quelqu'un d'autre	0	1	2	3	4	5	6	7	8	9	10
9. Quand un collègue que j'apprécie m'ennuie, je le lui dis sans complexe	0	1	2	3	4	5	6	7	8	9	10
10. Je n'éprouve aucune difficulté à parler à des collègues de sexe opposé	0	1	2	3	4	5	6	7	8	9	10
11. Si je cherche à entrer en contact avec un collaborateur, je téléphone et sollicite un entretien	0	1	2	3	4	5	6	7	8	9	10
12. Si mon supérieur exprime une opinion qui me semble inexacte, j'expose mon point de vue et mon désaccord	0	1	2	3	4	5	6	7	8	9	10
13. J'estime avoir mieux réussi ma vie professionnelle que la plupart de mes collègues	0	1	2	3	4	5	6	7	8	9	10
14. J'aime converser avec les nouveaux collaborateurs	0	1	2	3	4	5	6	7	8	9	10
15. Si l'on me demande de faire quelque chose, j'insiste pour connaître la finalité	0	1	2	3	4	5	6	7	8	9	10
16. Il y a des moments où je cherche à susciter des débats et des discussions avec mes collègues ou collaborateurs pour percer le malaise	0	1	2	3	4	5	6	7	8	9	10
17. Au travail, personne ne profite de moi	0	1	2	3	4	5	6	7	8	9	10
18. Quand on me donne la responsabilité d'un dossier, je veux connaître les objectifs, les attentes des demandeurs et je les discute	0	1	2	3	4	5	6	7	8	9	10

19. Au restaurant d'entreprise, j'ose me plaindre quand un plat est froid ou décevant	0	1	2	3	4	5	6	7	8	9	10
20. Je n'ai pas de difficultés à dire non à un collègue qui s'est donné beaucoup de mal pour me convaincre du bienfait d'une action que je ne trouve pas prioritaire	0	1	2	3	4	5	6	7	8	9	10
21. Si un collègue a fait courir des informations erronées ou malveillantes à mon sujet, je m'explique avec lui immédiatement	0	1	2	3	4	5	6	7	8	9	10
22. J'exprime mes opinions ouvertement	0	1	2	3	4	5	6	7	8	9	10
23. Je me montre assuré dans les négociations	0	1	2	3	4	5	6	7	8	9	10
24. En cas de désaccord, j'ai tendance à exprimer mes émotions et à régler le conflit	0	1	2	3	4	5	6	7	8	9	10
25. Quand je ne suis pas satisfait d'un travail, je le fais savoir à l'intéressé	0	1	2	3	4	5	6	7	8	9	10
26. J'ai tendance à ne pas contenir mes émotions	0	1	2	3	4	5	6	7	8	9	10
27. Je me plains lorsque le travail n'est pas satisfaisant ou que le personnel n'est pas assez aimable	0	1	2	3	4	5	6	7	8	9	10
28. Dire non n'est pas difficile pour moi	0	1	2	3	4	5	6	7	8	9	10
29. Après avoir réalisé une tâche importante, je le fais savoir aux autres	0	1	2	3	4	5	6	7	8	9	10
30. Je suis capable de refuser un rapport ou dossier s'il n'est pas satisfaisant	0	1	2	3	4	5	6	7	8	9	10

Dessinez votre profil d'affirmation actuelle : Rejoignez d'un trait les croix tracées.

Plus le profil est *à droite*, plus l'affirmation est élevée.

Plus le profil est *à gauche*, plus l'affirmation est faible. Si votre profil d'affirmation est faible, testez chaque jour une attitude professionnelle assertive décrite dans le questionnaire.

Entraînement à l'affirmation de soi

L'affirmation de soi s'apprend. Certains stages de formation proposent aux salariés d'apprendre à identifier leurs comportements passifs et agressifs et leurs conséquences dommageables et d'expérimenter des comportements affirmés. Ces stages s'adressent à des populations sans trouble ou pathologie quelle qu'elle soit.

La méthode d'apprentissage de comportements affirmés est le jeu de rôle où le participant teste toute une gamme de scènes représentatives de situations sociales stressantes qu'il est amené à rencontrer dans la vie quotidienne.

L'indication principale de l'affirmation de soi est l'anxiété sociale, la phobie sociale qui résulte d'une peur du regard des autres ou qui produit l'évitement des situations sociales, la timidité, le bégaiement. Elle est particulièrement recommandée dans le *coaching* des managers, des cadres stressés, des hommes politiques, des demandeurs d'emploi, etc.

Les techniques cognitives

Le but des techniques cognitives est le changement de ses manières de penser, la modification de ses croyances tyranniques. Plusieurs techniques existent mais la plus utilisée en France est la méthode de restructuration cognitive.

Cette méthode a été inventée par Albert Ellis[1] pour qui les troubles psychologiques résultent d'interprétations fausses ou irrationnelles

---

1. Ellis A., *Reason and Emotion in Psychotherapy*, New York, Lyle Stuart, 1962.

que l'individu fait sur les conduites d'autrui ou les siennes. Les personnes ne sont pas émues par les événements en tant que tels mais par la perception irrationnelle qu'elles en ont, les croyances qu'elles construisent. Nos croyances peuvent être *rationnelles*, flexibles, souples et exprimer des désirs, des souhaits ou *irrationnelles,* rigides, prenant la forme de devoirs absolus et s'exprimant en termes d'obligations : « il faut que », ou de contraintes : « je dois être aimé et approuvé en tout et toujours par tout le monde », etc.

Les croyances irrationnelles portent sur trois dimensions essentielles :

- *soi-même* : « je dois être bien pour recevoir l'approbation de personnes importantes » ;

- *les autres* : « les autres doivent bien me traiter » ;

- *les conditions de vie dans le monde* : « mes conditions de vie doivent être absolument comme je le veux sinon c'est insupportable ».

Les croyances irrationnelles entraînent des émotions négatives telles que l'anxiété, la tristesse, la culpabilité, la honte, la colère. La thérapie rationnelle émotive inventée par Ellis vise à modifier ces « croyances » et non les émotions, car celles-ci résultent de ces mêmes croyances et de nos interprétations. Les changements ciblent les causes des émotions négatives, à savoir les croyances irrationnelles.

Aujourd'hui, les thérapeutes qui pratiquent les thérapies cognitives[1] considèrent que les difficultés psychologiques résultent de perturbations du traitement de l'information. Le travail thérapeutique concerne les trois étages du système cognitif : superficiel, intermédiaire et profond.

Les schémas cognitifs profonds

Le niveau profond est celui des *schémas cognitifs*. Ce sont des postulats silencieux, tyranniques, inconscients. Les schémas cognitifs peuvent être représentés par les éléments d'un réseau câblé fait de nœuds

---

1. Cottraux J., *Les Thérapies cognitives*, Paris, Retz, 1992 et *Les Thérapies comporte-mentales et cognitives*, Paris, Masson, 1990.

reliés entre eux : nœuds de l'émotion, des images, des représentations verbales. Ce système de croyances filtre l'information provenant de l'environnement en la déformant.

Les schémas cognitifs dépressifs[1] relèvent de thématiques particulières :

- *l'amour* : « si je ne suis pas aimée de tout le monde, je ne peux pas être heureuse » ;

- *le perfectionnisme* : « je dois tout faire parfaitement sinon je ne vaux rien » ;

- *la réussite* : « je dois réussir tout ce que j'entreprends sinon cela signifie que je suis stupide » ;

- *le besoin d'être approuvé* : « ma valeur personnelle dépend de ce que pensent de moi les autres » ;

- *le droit à la considération des autres* : « les gens devraient être toujours honnêtes, aimables à mon égard » ;

- *le code moral personnel* : « je devrais toujours être aimable, attentif envers les autres sinon je suis un être ignoble » ;

- *l'omnipotence* : « je devrais tout savoir tout comprendre tout prévoir » ;

- *l'autonomie* : « je devrais pouvoir me débrouiller seul. Recevoir de l'aide des autres est un signe de faiblesse ».

Le but de la thérapie cognitive est donc de verbaliser un tel schéma cognitif afin de pouvoir changer le système d'idées irrationnelles du sujet. Le passage des schémas cognitifs (structures profondes) vers les événements cognitifs (structures superficielles) se fait par l'étage intermédiaire des processus cognitifs.

---

1. Blackburn I.M., Cottraux J., *Thérapie cognitive de la dépression*, Paris, Masson, 1997.

Les processus cognitifs

L'étage intermédiaire est celui des *processus cognitifs* qui sont des règles logiques de transformation de l'information. Ces règles permettent de passer des schémas inconscients aux pensées préconscientes (pensées automatiques) puis à la pensée consciente (pensée contrôlée) par le récit que le patient fait de ses émotions au thérapeute. Beck[1] a rassemblé les multiples distorsions cognitives qui sont des erreurs logiques.

> Jean-Jacques, employé dans une banque, bavarde avec des collègues devant la machine à café. La conversation porte sur un film que plusieurs personnes ont vu ce week-end. Il fait part de ses impressions sur le film et voit un collègue regarder l'heure. Il pense que son discours est ennuyeux et qu'il ennuie tout le monde. Or Jean-Jacques aurait très bien pu penser que le collègue avait un travail urgent ou un rendez-vous.

Cet exemple illustre le décalage entre la réalité (quelqu'un regarde l'heure) et l'interprétation (j'ennuie tout le monde). Cette interprétation personnelle illustre plusieurs distorsions cognitives que nous détaillons ci-dessous.

L'inférence arbitraire

Elle consiste à tirer des conclusions sans preuve, sans tenir compte des faits, alors qu'aucun élément objectif ne permet de le faire ou même lorsque les faits démontrent le contraire.

> Mon responsable ne m'a rien dit sur mon dossier, j'ai dû me tromper.
> Un manager à qui on venait d'interdire la pratique de son sport favori, pense : « Si je ne peux plus faire de ski, je me demande pourquoi je vis. »
> Une jeune femme qui a un parcours brillant se dit : « Si je ne décroche pas cet emploi, je ne vaudrai plus rien au regard des autres. »
> Un cadre dirigeant qui est amené à animer des réunions professionnelles raisonne de la façon suivante :

---

1. Beck A.T., « Thinking and Depression : Idiosyncratic Content and Cognitive Distortions », *Archives General Psychiatry*, 1963, 9, p. 324-333.

– « Si je parle beaucoup dans les réunions, les autres vont me reprocher mon autoritarisme,
– Si je parle peu, les autres vont penser que je n'apporte rien et que je ne tiens pas la place pour laquelle je suis payé. »
Le postulat de base est que, de toute façon, il est une personne inapte à la situation.

L'abstraction sélective

Elle consiste à se centrer sur un détail hors du contexte et de perdre de vue l'ensemble. La signification de la situation n'est plus perçue, car l'individu s'attache à des détails isolés, rétrécit l'éventail des possibles, ne retient que ce qui va dans le sens de ses croyances : échec, incapacité, impuissance, danger, etc.

> Un manager, après une intervention orale dans le cadre d'une conférence, pense : « J'ai rougi lors de mon discours. » Il ne retient que cet aspect de sa prestation.
> Un salarié faisant le bilan d'une semaine de travail qui s'est bien passée n'évoque que ses moments d'incapacité : les moments où il s'est laissé aller à des idées pessimistes, alors que sa productivité est restée globalement satisfaisante.
> Une personne ne retient d'un cocktail professionnel que le moment où la conversation a cessé de la mettre en valeur.

La surgénéralisation

Le sujet extrait une règle générale à partir d'un élément d'une situation puis applique cette règle à des événements qui ne sont pas équivalents, donc qui sont incomparables.

Le sujet étend à toutes les circonstances un échec isolé.

Un échec limité est interprété comme le signe avant-coureur d'un échec global pour le futur.

Un échec lors d'une négociation est généralisé à toute l'activité professionnelle.

> « J'ai raté mon concours, je suis un loser, je rate toujours tout dans la vie. »
> « J'ai échoué dans cette fonction, je ne suis pas capable d'être DRH »

(alors que le profil exigé était celui d'un *serial killer*, incompatible avec des valeurs humanistes).

« J'ai été licencié, je suis hors course » (alors que le plan de licenciement a concerné plus d'une centaine de salariés).

La personnalisation

Elle consiste à surestimer les liens entre soi et les événements négatifs.

« La réunion a été un fiasco, je m'y suis mal pris. »
« J'ai tout fait échouer. »

L'amplification

Elle exagère les implications d'une situation ou d'un comportement.

La *maximalisation* consiste à attribuer une plus grande valeur aux échecs ou aux événements négatifs.

« C'est la pire des choses que de rater son bac. »

La *minimalisation* consiste à dévaloriser les réussites et les situations heureuses.

« C'est normal d'avoir le bac, tout le monde l'a. »

Le monologue intérieur

L'étage *superficiel* est celui du monologue intérieur, des autoverbalisations, du discours intérieur, qui peuvent envahir de manière involontaire l'esprit. En revanche, le monologue intérieur est une traduction de nos croyances inconscientes et nous révèle le contenu latent de nos schémas cognitifs profonds. La thérapie cognitive repose principalement sur l'étude de ces autoverbalisations, de ces pensées automatiques, souvent négatives, sévères, critiques ou interdictrices et privilégie aussi le travail sur les images mentales qui accompagnent les pensées et les représentent de manière visuelle. La thérapie cognitive vise à modifier les pensées en identifiant les pensées automatiques, en les discutant, en les critiquant, en les assouplissant, en les nuançant, en créant du jeu possible, de la distance envers elles.

Exercice : Identifier vos émotions et vos pensées en situation stressante

1. Pensez à une situation stressante précise : ....

2. Identifiez les émotions qui surgissent en vous en pensant à la situation ou que vous ressentez quand vous êtes confronté à la situation stressante. Les émotions peuvent être négatives comme la peur, la tristesse, le dégoût, etc., ou positives comme le plaisir, le bonheur, etc.

3. Explorez les pensées liées à la situation stressante. Demandez-vous ce que vous vous dites, quel est votre monologue intérieur.

4. Complétez le tableau ci-dessous.

Situation : décrivez-la, détaillez les éléments présents et objectifs	Émotions : ce que vous ressentez	Pensées : ce que vous vous dites
....	....	....
....	....	....
....	....	....
....	....	....

Une personne confrontée à une situation stressante est capable de décrire l'événement et les émotions produites par la situation. En revanche, elle ignore le plus souvent les pensées négatives produites par l'événement qui sont des autoverbalisations négatives. Le rôle de la psychothérapie cognitive est de prendre conscience du « chaînon manquant » entre la situation et ses conséquences émotionnelles.

Après avoir identifié les pensées négatives, un travail s'engage sur les croyances à plusieurs niveaux : une analyse critique de l'interprétation irrationnelle, une confrontation de cette idée avec d'autres pensées possibles, etc. Toutes les techniques cognitives visent un apprentissage rendant la personne plus autonome et plus assertive.

Exercice : Modifiez vos pensées négatives

Appliquez les différentes techniques à vos pensées négatives.

Technique 1 : Testez le pour et le contre de votre croyance.

1. Formulez silencieusement une pensée négative
2. Évaluez votre croyance en cette pensée à l'aide d'un pourcentage et entourez-le :   0 % 10 % 20 % 30 % 40 % 50 %   60 % 70 % 80 % 90 % 100 %
3. Arguments POUR votre pensée : cherchez tous les arguments favorables   ....
4. Arguments CONTRE votre pensée : cherchez tous les arguments défavorables   ....
5. Évaluez votre croyance en cette pensée à l'aide d'un pourcentage et entourez-le :   0 % 10 % 20 % 30 % 40 % 50 %   60 % 70 % 80 % 90 % 100 %

Cette technique permet de questionner une pensée négative en termes de pensées alternatives. Le plus souvent, la croyance en la pensée négative ou problématique diminue après un tel questionnement.

Exemple : Irène est une infirmière en épuisement professionnel. Elle en vient à douter de ses compétences, pense qu'elle n'est plus capable d'exercer une profession soignante et se tient des discours intérieurs très négatifs : « Je ne suis pas à la hauteur, je suis nulle, etc. » Elle attribue à sa croyance un pourcentage de 90 %

Pour : « Je suis fatiguée, il faut jeter l'éponge, je suis dépassée par l'évolution, les patients m'énervent, je ne supporte plus les malades, je ne suis plus faite pour cette profession, avant le patient était au cœur du métier, maintenant les tâches sont découpées, on n'a pas le temps de parler au malade, etc. »

Contre : « Une personne ne peut pas faire le travail de tout le monde, les médecins arrivent en retard et personne ne le leur fait remarquer, les médecins voient le patient en coup de vent, les secrétaires passent leur temps à passer des coups de téléphone personnels. Je ne suis pas Shiva aux trente-six bras. Il manque au moins cinq infirmières, etc. »

Après ce dialogue contradictoire, elle attribue à sa croyance un pourcentage de 40%.

Technique 2 : Évaluez les avantages et les inconvénients de la croyance

1. Formulez silencieusement votre pensée
2. Évaluez votre croyance en cette pensée à l'aide d'un pourcentage et entourez-le : 0 %   10 %   20 %   30 %   40 %   50 % 60 %   70 %   80 %   90 %   100 %
3. Listez les AVANTAGES de cette pensée : .... • • •

> **. . .**
>
> ### 4. Listez les INCONVÉNIENTS de cette pensée :
>
> ....
>
> ....
>
> ### 5. Évaluez votre croyance en cette pensée à l'aide d'un pourcentage et entourez-le :
>
> 0 %   10 %   20 %   30 %   40 %   50 %
>
> 60 %   70 %   80 %   90 %   100 %

Cette technique permet de prendre conscience que chaque pensée négative a une coloration positive.

Exemple : Louis est responsable logistique. Il a 45 ans et se trouve en état d'épuisement professionnel. Il pense ne plus être capable de travailler après l'échec professionnel qu'il croit être le sien. Il attribue à sa croyance le pourcentage de 80 %.

« Je suis en arrêt de travail, d'un côté, j'ai échoué, j'ai perdu la bataille, pourtant je pensais pouvoir relever le challenge, je me suis cru plus capable que je le suis, j'ai occupé ce poste pendant dix ans mais je savais que je n'avais pas les capacités, je suis un usurpateur, j'ai la preuve que je n'ai pas été à la hauteur, le précédent directeur me faisait confiance par amitié, alors que le nouveau a vu mon manque de professionnalisme, il faut que je me forme, par ailleurs, pendant dix ans, j'ai participé au développement de l'entreprise et à son rayonnement européen, j'ai donné, je me suis investi à fond, j'ai sacrifié ma famille pour l'entreprise, on ne reste pas si longtemps dans un poste si on n'est pas capable, j'ai sans cesse acquis de nouvelles compétences, j'ai suivi des formations, j'ai perfectionné mon anglais, etc. Je prends un avocat qui s'occupe de la transaction et je cherche un emploi ailleurs, d'ailleurs je suis allé à l'espace emploi de ma ville, j'ai pris rendez-vous avec une conseillère d'insertion, j'ai envie de faire un bilan de compétences c'est peut-être l'occasion pour moi de changer d'orientation professionnelle, c'est peut-être une bonne chose d'avoir craqué, et si je prenais le temps de faire le point sur ma carrière, et peut-être ma vie, etc. »

Après ce dialogue contradictoire, le pourcentage évaluant la croyance est de 20 %.

Technique 3 : Interroger les conséquences positives ou négatives d'une croyance

1. Formulez silencieusement votre pensée
2. Évaluez votre croyance en cette pensée à l'aide d'un pourcentage et entourez-le : 0 %   10 %   20 %   30 %   40 %   50 % 60 %   70 %   80 %   90 %   100 %
3. Identifiez les CONSÉQUENCES NÉGATIVES de cette pensée : ....
4. Identifiez les CONSÉQUENCES POSITIVES de cette pensée : ....
5. Évaluez votre croyance en cette pensée à l'aide d'un pourcentage et entourez-le : 0 %   10 %   20 %   30 %   40 %   50 % 60 %   70 %   80 %   90 %   100 %

Cette technique dévoile les bénéfices secondaires à raisonner ainsi.

Exemple : Gilles est directeur général. Il est en épuisement professionnel, ne peut reprendre le travail après un arrêt de trois mois : « Je suis lâche, paresseux, ma famille pense que j'en profite. » Il attribue à sa croyance le pourcentage de 80 %.

Conséquences négatives : « J'ai peur du regard accusateur de mes collaborateurs, j'ai montré que j'étais faible, j'ai craqué, je ne suis pas si solide que je le croyais, je dors tout l'après midi, je ne fais pas grand-chose, je me mure dans le silence, mes enfants ont honte de moi, ma famille dit que je profite du système, ils me conseillent de me remuer un peu, etc. »

Conséquences positives : « Cette boîte est folle, le président manage une grosse entreprise comme avant, du temps de l'entreprise familiale, le management est une improvisation permanente, l'exhortation facile : « y-a qu'à », « faut qu'on » ; les objectifs sont toujours plus élevés mais les moyens humains sont constants ; les salariés sont pressés comme des citrons, à la fin, je travaillais 16 heures par jour, j'emmenais des dossiers le week-end, si j'avais continué, je serais sous un train etc. Aujourd'hui, je suis bien vivant, ma faiblesse m'a sauvé la vie. »

Le pourcentage évaluant la croyance est de 30 % après ce dialogue contradictoire.

Technique 4 : Examiner les preuves favorables et défavorables

1. Formulez silencieusement votre pensée
2. Évaluez votre croyance en cette pensée à l'aide d'un pourcentage et entourez-le : 0 %   10 %   20 %   30 %   40 %   50 % 60 %   70 %   80 %   90 %   100 %
3. Identifiez les PREUVES EN FAVEUR de la pensée : ....
4. Identifiez les PREUVES EN DÉFAVEUR de la pensée : ....
5. Évaluez votre croyance en cette pensée à l'aide d'un pourcentage et entourez-le : 0 %   10 %   20 %   30 %   40 %   50 % 60 %   70 %   80 %   90 %   100 %

Cette technique vise à questionner l'évidence en faveur ou en défaveur de la pensée négative.

Exemple : François, chercheur en biologie, souffre de dépression et doute de ses capacités professionnelles. Dans son laboratoire, sa collègue est en arrêt de travail pour dépression depuis six mois, il consulte un coach, car il sent qu'il est sur le point de craquer. Il pense qu'il va devoir se mettre en arrêt de travail, car il ne peut plus faire face après le décès de sa mère. Il pense que le deuil révèle une fêlure et une fragilité personnelle et veut s'arrêter. Sa croyance est évaluée à 90 %.

Les preuves qu'il est usé et qu'il doit s'arrêter sont nombreuses : il passe de plus en plus de temps pour finir un dossier, il est lent, il n'est jamais content de son travail, avant, il était plus performant, il est déçu par le travail de chercheur, il a fait son temps, les jeunes ont de l'ambition, il faut laisser la place aux jeunes. Toutes les preuves relèvent d'une personnalisation du problème et d'une négation totale du contexte institutionnel.

Les preuves en défaveur apparaissent au grand jour lorsque le coach focalise l'attention de François sur l'organisation du travail et identifie le rôle d'un responsable de laboratoire qui a pourri l'ambiance dans le labo depuis qu'il est arrivé. Ce collègue est un incompétent notoire, qui vole les travaux des chercheurs.

Le coach diagnostique un problème d'incompétence dans le cadre d'un problème de harcèlement. Il demande à François de compléter le questionnaire d'agissements hostiles qui révèlent des actes visant à détériorer les conditions de travail et la dignité des chercheurs. Après ce travail, le pourcentage tombe à 20 %. François a identifié les dysfonctionnements organisationnels, a pris rendez-vous avec les ressources humaines, les délégués du personnel et a obtenu le changement de poste pour le collègue identifié comme le Tartuffe.

Technique 5 : Découvrez des pensées alternatives

Demandez-vous comment réagirait une autre personne que vous estimez.

1. Pensez à votre situation :
....
.... • • •

•••

2. Identifiez votre émotion :

....

....

2. Évaluez l'intensité de votre émotion :

0   1   2   3   4   5   6   7   8   9   10

3. Évaluez votre croyance en cette pensée à l'aide d'un pourcentage et entourez-le :

0 %   10 %   20 %   30 %   40 %   50 %

60 %   70 %   80 %   90 %   100 %

4. Pensées alternatives : que pourrait penser une autre personne de la situation ?

....

....

5. Évaluez votre croyance en cette pensée à l'aide d'un pourcentage et entourez-le :

0 %   10 %   20 %   30 %   40 %   50 %

60 %   70 %   80 %   90 %   100 %

Cette technique permet une prise de distance.

Exemple : Alexandre, correcteur de 25 ans, est très motivé lorsqu'il intègre une grande maison d'édition après des études littéraires aux débouchés incertains. Il est content d'avoir trouvé un travail. Il s'investit à fond. Il lit des manuscrits, il les retravaille, les formate. Il aime la collaboration avec les auteurs. Après un an d'activité, il déchante, son enthousiasme est en berne. Il a travaillé le 25 décembre alors qu'il était en vacances mais le bouclage ne permettait pas de remettre à plus tard l'envoi du manuscrit à l'imprimeur. Le 1er janvier, même scénario. Ces contraintes se renouvellent sans cesse, l'exaspération prend la place de la surprise, la désillusion efface l'illusion. Il pense démissionner mais il juge cette pensée peu glorieuse pour une première expérience professionnelle. Il n'y a pas de quoi être fier. Ses émotions sont désagréables, à la limite du dégoût. Il pense qu'il n'est pas bagarreur : j'aurais pu m'accrocher plus, je n'ai jamais été un battant, je suis un loser. Il attribue à cette croyance la valeur de 90 %.

Le travail en termes de pensées alternatives avec un coach lui a fait prendre conscience de sa situation en regardant le verre à moitié plein au lieu de le voir à moitié vide.

Le coach lui demande de se mettre à la place de son amie et d'exprimer ce qu'elle pense : « Tu ne fais que bosser, le travail nous gâche les week-ends, maintenant ce sont les vacances, avec ce travail, on ne peut pas faire de projets, ton travail passe avant tout, pourquoi ils n'embauchent pas, et si tu disais stop, qu'est-ce qui se passerait, moi, je te préviens, tu changes de boulot ou tu changes de copine, etc. » La conclusion s'impose : sa décision est prise ; il cherche du travail ailleurs. Sa croyance a perdu tout crédit, le pourcentage chute à 10 %.

Technique du scanner mental

Cette technique est un outil psychologique pour modifier l'anxiété. Elle postule que pour ressentir de l'anxiété, la présence de pensées limitantes est nécessaire. Celles-ci peuvent ne pas être complètement conscientes ou présentes à l'esprit. Il importe de les rendre conscientes afin d'agir sur elles.

Pour accéder à ces pensées, le travail s'effectue sur nos images visuelles et nos discours intérieurs.

Exercice : Scanner vos images visuelles

1. Fermez les yeux, imaginez-vous en situation de stress professionnel.

2. Visualisez une scène avec des collègues, avec votre manager, votre patron, etc.

3. Diminuez la taille de l'image.

4. Faites un zoom arrière et visualisez une petite diapositive.

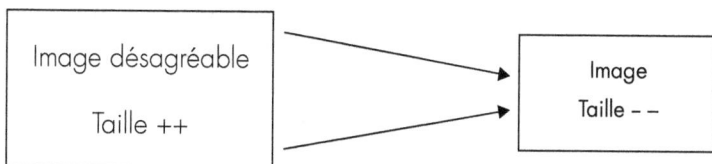

Exercice : Scanner vos pensées

1. Pensez à une situation de stress professionnel.
2. Entendez ce que vous vous dites : « Je suis nul », etc.
3. Écoutez les reproches que vous formulez, vos pensées négatives.

Dites-vous ceci :

4. Diminuez le volume : imaginez que vous fermez le bouton du volume de votre radio, de votre chaîne stéréo, etc.

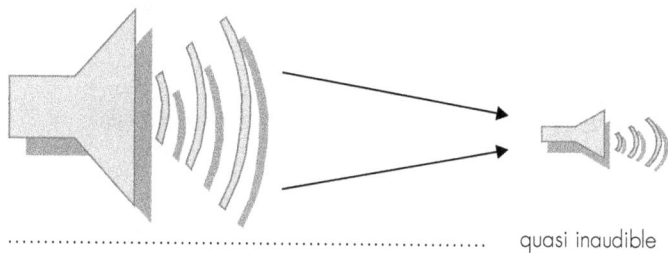

quasi inaudible

La technique du scanner mental consiste à modifier l'image visuelle et le monologue intérieur sans s'intéresser au contenu. Il ne s'agit pas de changer l'image problématique en une autre moins problématique, pas plus que le monologue intérieur négatif (« je suis nul, je n'y arriverai pas ») ne sera transformé en une auto-affirmation positive.

Conclusion

Ces différentes techniques reposent sur l'idée que les réactions émotionnelles telles que l'angoisse, la colère, la peur ou la dépression résultent d'une interprétation inexacte des événements.

C'est moins la réalité des faits que l'interprétation subjective de ceux-ci qui est à la base des émotions pénibles.

En conséquence, pour modifier les émotions négatives, il faut connaître les idées négatives, identifier les pensées pessimistes pour remplacer les interprétations négatives par des interprétations plus réalistes. Ces techniques cognitives et émotionnelles ont prouvé leur efficacité[1].

Testez vos connaissances

Mettez une croix [X] dans la case Vrai ou faux pour chacune des propositions suivantes.

	VRAI	FAUX
1. Ce ne sont pas les situations qui stressent mais l'idée qu'on s'en fait		
2. Au travail, plus on a un sentiment de contrôle fort, plus on a de chance d'éprouver de la satisfaction professionnelle		•••

---

1. INSERM, *Psychothérapie. Trois approches évaluées*, Paris, Les éditions de l'INSERM, 2004.

	VRAI	FAUX
3. Un sentiment d'impuissance est associé à une plus grande détresse psychologique		
4. Le soutien social immunise contre les stresseurs		
5. Le soutien social fort est lié à la satisfaction professionnelle		
6. Un faible soutien social est un facteur de vulnérabilité au stress		
7. Il existe une seule stratégie de faire face		
8. Nous sommes abonnés à une stratégie de faire face		
9. Le *coping* est une stratégie momentanée		
10. On utilise toujours la même stratégie de *coping* quelle que soit la situation		
11. Certaines stratégies de faire face sont plus efficaces que d'autres		
12. Certaines personnes manifestent des ressources inattendues dans des situations extrêmes		
13. Dans le domaine du stress professionnel, l'évitement est plus protecteur que la confrontation avec les difficultés		
14. Les stratégies de faire face modèrent le stress		
15. Face à une situation stressante, on évalue la menace ou le challenge qu'elle représente		
16. Une situation difficile nous pousse à tester si nous avons les ressources pour faire face		
17. Le *coping* centré sur le soutien social est un accélérateur du stress		
18. L'affirmation de soi rend les individus plus agressifs		

	VRAI	FAUX
19. L'exposition à la situation stressante est un apprentissage à l'évitement		
20. Les croyances à l'origine des réactions de stress sont inconscientes		

Réponses : 1 : Vrai - 2 : Vrai - 3 : Vrai - 4 : Vrai - 5 : Vrai - 6 : Faux - 7 : Faux - 8 : Faux - 9 : Vrai - 10 : Faux - 11 : Vrai - 12 : Vrai - 13 : Faux - 14 : Vrai - 15 : Vrai - 16 : Vrai - 17 : Faux : le soutien social est un modérateur du stress - 18 : Faux : L'affirmation de soi rend les individus plus assertifs - 19 : Faux : L'exposition empêche l'évitement ou la fuite - 20 : Vrai : les croyances sont des postulats silencieux inconscients.

L'ENTREPRISE EN PÉRIL ?

Le travail est difficile pour un nombre de plus en plus important de nos contemporains : il est en cause dans l'épuisement professionnel appelé aussi *burnout* ; c'est aussi au travail que s'exerce le harcèlement moral, véritable opération de destruction psychologique. Du stress positif, source de motivation au stress négatif, générateur de malaise poussant les salariés au désengagement ou au suicide, la ligne jaune est franchie par un nombre croissant de salariés. Pour beaucoup d'entre eux, le travail n'est plus un lieu d'épanouissement personnel ; il a perdu son sens et n'a souvent d'autre intérêt que financier.

Les sources de stress se sont multipliées malgré le développement des nouvelles technologies de l'information et de la communication, la diminution du temps de travail et l'allégement de la pénibilité physique, car, aujourd'hui, l'usure est psychologique. Le stress fait mal, épuise, déprime, met l'entreprise en danger, donc notre économie ; il ruine la société et tue. L'avenir sourira aux entreprises qui auront eu le courage de reconnaître les dégâts du stress, d'y remédier en aidant leurs salariés à y faire face et auront su organiser l'activité professionnelle dans une ambiance de travail respectueuse du facteur humain.

Au niveau organisationnel, les nouveaux managers doivent être formés aux techniques communicationnelles performantes inspirées des modèles de l'entretien et du dialogue verbal et non verbal comme celui de l'École de Palo Alto et doivent redonner sens à l'expression « ressources humaines », devenue trop souvent synonyme de gestion de carrière comptable. Les dirigeants peuvent faire appel à des experts dans l'évaluation du risque et ouvrir les entreprises à des professionnels compétents qui ont mis à l'épreuve les techniques efficaces de gestion du stress. Ils doivent cesser d'être éblouis par des offres de formation proposées par des « businessmans du stress », à moins de choisir délibérément le sparadrap pour soigner une fracture.

Au niveau individuel, le stress n'est pas une fatalité : faire face est possible. Plusieurs techniques de relaxation sont efficaces et différentes méthodes cognitives et comportementales sont adaptées à chacun d'entre nous. Cet ouvrage expose certaines techniques qui ont prouvé leur efficacité.

Est-ce utopiste de rêver à une entreprise qui créerait une permanence de consultation pour un psychologue clinicien à l'image de ce qui existe pour le médecin du travail ? Pourtant, l'expert de la prise en charge du mal-être psychologique pourrait être un des piliers de l'entreprise, car il positionne l'humain au cœur de l'organisation en préservant la santé mentale et physique des salariés et en lui assurant un avenir profitable.

Références

Filmographie

La Comédie du travail, de Luc Moullet, 1987.

Ressources humaines, de Laurent Cantet, 1999.

Trois huit, de Philippe Le Gay, 2001.

Violences des échanges en milieu tempéré, de Jean-Marc Moutout, 2003.

Le Direcktor, de Lars von Trier, 2007.

Bibliographie

BRUCHON-SCHWEITZER M., DANTZER R. (1994). *Introduction à la psychologie de la santé*, Paris, PUF.

BRUCHON-SCHWEIZER M. (2002). *Psychologie de la santé. Modèles, concepts et méthodes*, Paris, Dunod.

DEBOUT M. (2002). *La France du suicide*, Paris, Stock.

DEJOURS C. (1998). *Souffrance en France, « la banalisation de l'injustice sociale »*, Paris, Le Seuil.

EIGUER A. (1997). *Petit Traité des perversions morales,* Paris, Bayard.

GREBOT E. (2007). *Harcèlement au travail. Identifier. Prévenir. Guérir*, Paris, Eyrolles.

HIRIGOYEN M.-F. (1998). *Le Harcèlement moral. La violence perverse au quotidien*, Paris, La Découverte et Syros.

HIRIGOYEN M.-F. (2001). *Le Harcèlement moral dans la vie profession-nelle. Démêler le vrai du faux*, Paris, La Découverte et Syros.

LÉGERON P, ANDRÉ C. (1995). *La Peur des autres. Trac, timidité et phobie sociale*, Paris, Odile Jacob.

LEYMANN H. (1996). *Mobbing. La persécution au travail*, Paris, Le Seuil.

LÔO H., LÔO P., GALINOWSKI A. (1999). *Le Stress permanent : réaction adaptation de l'organisation aux aléas existentiels*, Paris, Masson.

RAVISY P. (2002). *Le Harcèlement moral au travail*, Paris, Delmas express, 2ᵉ éd.

SELYE H. (1956). *Le Stress de la vie*, Paris, Gallimard.

Pour contacter l'auteur :
elisabeth.grebot@orange.fr

www.ingramcontent.com/pod-product-compliance
Lightning Source LLC
Chambersburg PA
CBHW061155220326
41599CB00025B/4489